CULTURE MODERNE

LES CIVILISATIONS DISPARUES

CIVILISATIONS NÉGRO-AFRICAINES

PAR

MAURICE DELAFOSSE

DÉPÔT LÉGAL

3 francs

PARIS

Chez Delamain, Boutelleau et Cⁱᵉ

LIBRAIRIE STOCK

LA CULTURE MODERNE

PUBLIÉE SOUS LA DIRECTION DE F. FELS

Cette collection d'ouvrages, concis, vivants, et substantiels, rédigés par les maîtres les plus qualifiés, tiendra le public au courant de l'activité intellectuelle contemporaine, dans le domaine de la science, des arts et de la philosophie.

Prix du volume : 3 francs

LES CIVILISATIONS
NÉGRO-AFRICAINES

MAURICE DELAFOSSE

LES CIVILISATIONS NÉGRO - AFRICAINES

PARIS
LIBRAIRIE STOCK
PLACE DU THÉATRE FRANÇAIS
1925

LES CIVILISATIONS NÉGRO-AFRICAINES

AVERTISSEMENT

L'objet de ce petit livre est d'établir une sorte de synthèse de ce qui est commun à l'ensemble des civilisations négro-africaines, considérées en elles-mêmes et dans leur état actuel, en dehors des altérations qu'a pu y apporter, en quelques régions, soit l'influence musulmane, soit l'influence européenne. Je ne me suis cru autorisé à jeter, çà et là, quelques regards circonspects sur le passé que dans la mesure où la chose m'a paru nécessaire pour faire mieux comprendre le présent, et je n'ai risqué de brèves allusions aux modalités d'application des principes coutumiers qu'autant que cela m'a semblé utile pour en faire saisir plus exactement l'esprit fondamental.

Il est indéniable que les populations négro-africaines, quelque différentes les unes des

autres qu'elles apparaissent à l'observateur
superficiel, offrent entre elles un caractère
d'unité, qui tient sans doute à la communauté de leurs origines ethniques et à la similitude relative des milieux physiques, économiques et sociaux dans lesquels elles se
sont formées d'abord et ont, par la suite,
évolué. De même que le type anthropolo-
gique des nègres non métissés est partout
identique dans ses grandes lignes et que les
idiomes négro-africains constituent ensemble une famille linguistique homogène, ainsi
que l'on s'en aperçoit de plus en plus clai-
rement, de même aussi l'on peut dire qu'en
ne s'en tenant qu'au fond des choses et aux
faits essentiels, il existe une culture négro-
africaine nettement définie, dont les traits
principaux se retrouvent aussi bien chez les
peuples noirs les plus avancés que chez les
plus arriérés, et que l'islamisation, même la
plus reculée, n'a point réussi à modifier pro-
fondément, non plus que l'éducation distri-
buée, à une date plus récente, par les nations
colonisatrices.

Ce sont les coutumes observées par tous
les nègres africains demeurés dans leur cadre
ancestral que j'ai cherché à retracer ici, dans
le but de contribuer à une connaissance plus
exacte de leur mentalité collective et de leurs
institutions. J'ai cru par là rendre service,
non seulement à ceux qu'intéressent l'ethno-

graphie et la sociologie envisagées d'un point de vue purement spéculatif, mais aussi et surtout à ceux qui, ayant affaire aux populations négro-africaines, ne sauraient, sans danger pour celles-ci et pour eux-mêmes, demeurer ignorants de la vie profonde de ces masses et des mobiles qui les font penser et agir.

Paris, le 1ᵉʳ mars 1925.

CHAPITRE PREMIER

Religion et Magie

Religiosité des Noirs. — Bien que les Noirs africains, même les plus arriérés, ne puissent être considérés comme des primitifs à proprement parler, il est incontestable que leur mentalité globale se rapproche, par beaucoup de points, de la mentalité primitive. Elle est en particulier éminemment mystique, de même que les tendances de la société qu'elle a créée sont nettement et essentiellement collectivistes. On peut dire que le mysticisme et le collectivisme sont à la base de toutes leurs manifestations d'ensemble et qu'ils dominent le caractère de leur civilisation. Sans doute, des individus se rencontrent qui ont réussi à s'affranchir, au moins en partie, du mysticisme commun, mais, quel que soit leur nombre, ils ne représentent que des forces isolées, dont l'action demeure à peu près inopérante sur la masse, en raison précisément de la position amoindrie qu'occupe l'individu dans la société négro-africaine. Tout, dans les institutions, semble fait en vue de la seule collectivité ; rien n'a été prévu dans l'intérêt de l'individu, pour les cas où cet intérêt ne se confond pas ostensiblement avec celui de la collectivité.

De plus, aucune institution n'existe, que ce soit dans le domaine social ou dans le domaine politique, voire même en matière économique, qui ne repose sur un concept religieux ou qui n'ait la religion pour pierre angulaire. Ces peuples, dont on a parfois nié qu'ils eussent une religion, sont en réalité parmi les plus religieux de la terre. Les préoccupations d'ordre divin l'emportent chez eux, le plus souvent, sur les préoccupations d'ordre purement humain.

Cette situation se trouve amplifiée et consolidée du fait que la divinité n'est pas, pour les Noirs, quelque chose de lointain, d'extraordinaire, de difficilement accessible, mais qu'au contraire elle est, en quelque manière, partie intégrante de la société elle-même ou du milieu dans lequel vit celle-ci. Leurs dieux sont des êtres familiers dont la présence se révèle à chaque instant, à l'écart desquels il est matériellement impossible de se tenir, et dont l'influence immédiate et constante s'exerce sur tous les actes journaliers et dirige l'orientation de tous les concepts.

Ce que n'est pas la religion des Noirs

d'Afrique. — On a tôt fait de dire, non sans quelque dédain, que la religion des nègres est le « fétichisme », en ajoutant généralement à ce terme le qualificatif de grossier. En fait, le fétichisme se rencontre dans toutes les religions, mêmes les plus élevées et les plus spiritualistes, ou plus exactement à côté de toutes les religions, mais il n'a jamais constitué et il ne saurait constituer une religion. Certes, les Noirs africains croient tous en la vertu des fétiches, c'est-à-dire en la vertu d'objets fabriqués par l'homme et réputés, en raison du caractère spécial des rites qui ont présidé à leur fabrication ou à leur consécration, doués de pouvoirs magiques ; mais cette croyance, commune, à des degrés divers, à toute l'humanité, ne traduit pas le caractère spécifique de leur religion, pas plus que la croyance à la vertu des amulettes confectionnées par le marabout n'est l'islamisme ni que la croyance à la vertu des médailles bénites n'est le christianisme.

Si la religion négro-africaine n'est point le fétichisme, elle n'est pas davantage le « totémisme ». Pour autant que nous puissions savoir ce qu'est exactement le totémisme, tel qu'il a été décrit par les observateurs des civilisations américaines, il semble qu'il consiste à attribuer à chaque famille ou clan une origine animale, à considérer l'espèce animale dont descend le groupe humain comme le protecteur et l'emblème de ce groupe, à donner à celui-ci le nom de l'espèce en question et à rendre un culte à cette dernière. Des constatations hâtives ont pu faire croire à l'existence, dans plusieurs tribus négro-africaines, de croyances de ce genre, mais une étude consciencieuse et approfondie des faits montre que, si l'on rencontre fréquemment, dans l'Afrique noire, des espèces animales — et toutes sortes d'autres entités d'ailleurs — sacrées pour des collectivités humaines déterminées qui sont loin d'être toujours des familles ou des clans, s'il paraît y avoir quelquefois une notion plus ou moins vague de liens de parenté, ou plus exactement d'alliance, entre ces espèces ou entités et ces collectivités, les premières ne sont jamais, de la part des secondes, l'objet d'un culte religieux. A vrai dire, on est en droit de citer des exemples d'animaux qui sont l'objet d'un véritable culte, comme les serpents sacrés de Ouidah au Dahomey, les crocodiles du Niger à Bamako, etc. ; mais il est à remarquer que ces animaux ne sont aucunement considérés comme ayant un ancêtre commun avec les fidèles qui leur adressent des prières et leur offrent des sacrifices, et qu'ils sont simplement des incarnations ou les symboles de divinités régionales.

Certains ont voulu voir dans la religion des nègres une sorte de « théisme ». Assurément, la plupart des Noirs africains croient à l'existence d'un Dieu créateur, mais c'est de leur part une conception d'ordre philosophique ou cosmogonique bien plutôt qu'un concept d'ordre religieux. En tout cas, ce Dieu créateur ne joue pas, à leurs yeux, le rôle de Providence et, si l'on invoque parfois son nom en formulant des souhaits, on ne lui rend nulle part aucun culte. Il n'est pas sûr, du reste, que la coutume consistant à invoquer le nom de Dieu ne soit point une importation, plus ou moins directe, de l'islamisme ou, dans certaines régions, du christianisme. Aussi bien est-il bon d'observer que, partout où règne cette coutume, le nom donné à Dieu est celui du Ciel ou de la Pluie, l'une des principales divinités locales.

L'animisme négro-africain. — Cette divinisation du ciel en tant que générateur de la pluie fécondante, celle de la terre en tant que matière fécondée et productrice de vie, celle de beaucoup de fleuves, de montagnes, d'accidents géographiques divers, l'existence de nombreuses fêtes saisonnières empreintes d'un indéniable caractère religieux, font songer à un dynamisme ou naturisme, à une religion des forces et éléments de la nature, à un culte agraire. Effectivement, il y a de cela dans les croyances et les manifestations religieuses des Noirs de l'Afrique ; mais il n'y a pas que cela, car on constate d'autre part qu'ils rendent un culte aux défunts.

Ces deux faces de la religion négro-africaine ne sont pas toujours distinctes l'une de l'autre et souvent, dans les rites et dans les formules, on observe une confusion, qui paraît quelquefois voulue, entre la divinité tellurienne et la divinité ancestrale. Cette confusion doit nous donner la clef de la nature exacte des concepts religieux des nègres et justifie le nom d' « animisme » qu'on leur donne généralement aujourd'hui.

Ce terme paraît convenable, à condition d'entendre par là la croyance à l'existence d'âmes de même essence dans tous les êtres, inanimés en apparence aussi bien qu'animés, morts et vivants, au caractère personnel de chacune de ces âmes, et à la force extérieure de celles d'entre elles qui n'ont pas à régir la vie intérieure de leur enveloppe matérielle, c'est-à-dire à la puissance des âmes de la nature et des défunts, lesquelles deviennent ainsi l'objet d'un culte.

Les Noirs croient en effet que tout être distinct — animal, végétal ou minéral — ou tout phénomène naturel est doué, en dehors de la matière qui le constitue ou des manifestations qui le font percevoir aux sens, d'un principe apparemment immatériel, possédant une personnalité propre, une pensée, une volonté. C'est ce principe que j'appelle

« âme », faute de mot dans notre langue actuelle, trop éloignée de l'âge primitif, pour rendre correctement un concept qu'ont eu sans doute nos lointains aïeux, mais que nous n'avons plus. Dans chacun des parlers indigènes de l'Afrique noire, un mot existe pour désigner ce principe ou cette force. Dans la langue mandingue, par exemple, ce mot est *nia*, qui signifie exactement « vie personnelle ».

Tout homme a son *nia*, né en même temps que son corps s'est formé dans le sein de sa mère, mais qui continuera à subsister après la décomposition du corps, conservant le même tempérament moral qu'il avait du vivant de cet homme et qui constituait la personnalité de ce dernier. Toute bête a aussi son *nia*, qui participe aux mêmes conditions de personnalité et d'immortalité. Il en est de même de tout végétal, dont le *nia* se manifeste dès que la plante a commencé à germer et qui subsiste après sa mort. Il en est de même également de toute pierre, de toute montagne, de toute source, de tout accident naturel, avec cette différence que, dans ces cas, la matière peut être éternelle comme le *nia*.

La terre, l'eau, l'atmosphère sont aussi douées de *nia*, mais en tant que considérées dans leurs manifestations localisées et non point dans leur généralité. Il y a autant de *nia* terrestres, distincts les uns des autres, et possédant chacun sa personnalité propre; qu'il y a de parcelles du sol appropriées à des tenanciers ou usagers distincts : chaque champ, chaque savane, chaque forêt a son *nia* particulier. Il n'y a pas un *nia* de l'eau, ni même un *nia* pour un cours d'eau dans son ensemble, mais autant de *nia* qu'il existe de mares, de biefs ou de bras ou bien, s'il s'agit d'un fleuve ou d'une rivière importante, de parcelles appropriées aux groupes riverains. Peut-être y a-t-il un *nia* collectif du ciel ou de l'air, qui serait ce Dieu suprême que l'on invoque parfois, mais il y a aussi et surtout un *nia* pour chaque portion du ciel qui arrose de pluie une parcelle de terre donnée, pour chaque vent qui souffle d'une direction déterminée sur un lieu donné.

Pour ce qui est des êtres vivants — hommes, bêtes et plantes —, les Noirs leur attribuent, en plus du *nia* ou de l'âme, un autre principe d'une nature toute différente, sorte de souffle vital, de fluide impersonnel sans pensée ni volonté, sans force indépendante, mais dont la présence est nécessaire pour que se manifeste la vie du corps. Ce principe est celui que les Mandingues dénomment *dia*, d'un mot qui, dans le langage courant, signifie « douceur, agrément, facilité, plaisir » et qui représente essentiellement l'état de ce qui est sans aspérités ou la qualité de ce qui est en mesure de faire disparaître les aspérités, au propre et au figuré. Il est, en quelque sorte, l'intermédiaire entre le *nia*, qui commande et dirige les mouvements de la vie matérielle, et le corps qui les exécute. C'est — si l'on peut se permettre une comparaison seulement approchée — le courant électrique servant à mettre la machine en action, le *nia* étant le commutateur intelligent qui déclenche ou interrompt ce courant. L'entrée, dans le corps venant au monde, d'une parcelle de ce fluide impersonnel et universel détermine la vie visible ; sa séparation d'avec le corps détermine la mort matérielle.

Il découle de là que le *nia* des êtres vivants, et des êtres humains en particulier, a pour besogne principale de guider cet agent aveugle qu'est le *dia*, de façon à faire agir le corps d'une manière raisonnable. Aussi le *nia* d'un homme n'a-t-il, sauf chez quelques êtres exceptionnels, comme ceux qu'un hasard a doués du don de mauvais œil ou de « jettatura », qu'un pouvoir extrêmement restreint en dehors de l'individu dont il règle la vie : il dirige le *dia* qui anime le corps et il peut ainsi faire mouvoir et parler celui-ci, mais il n'a pas le loisir ni l'indépendance nécessaires pour exercer son action sur le *dia* ou le corps des autres êtres ni sur leurs âmes respectives. Il n'est donc l'objet d'aucun culte et l'on ne songe pas à l'ériger en divinité.

Il en est tout autrement du jour où, débarrassé par la mort de son enveloppe charnelle et du souci de gouverner le *dia* disparu, il se trouve entièrement libre de son action, tout en conservant les passions, les goûts, les tendances, les rancunes qui le caractérisaient lors de la vie matérielle de l'être qu'il continue moralement au delà du trépas. Le *nia* d'un défunt est une puissance avec laquelle les vivants sont obligés de compter, une puissance d'autant plus profitable ou redoutable qu'elle est plus entièrement affranchie de toute préoccupation corporelle : c'est ce qui explique la culte rendu aux âmes des défunts ; c'est aussi ce qui explique que ces âmes sont l'objet d'un culte d'autant plus fervent que la décomposition du corps est plus complète et plus lointaine ; dans le panthéon négro-africain, les âmes des premiers ancêtres occupent une place notablement plus élevée que celles des défunts de mort récente.

Pour le même motif, le *nia* d'une parcelle de terre, n'ayant pas à se préoccuper de faire vivre un être qui ne se meut pas, qui n'a point de *dia* et qui, contrairement aux animaux et aux plantes, n'est sujet ni à la mort ni aux vicissitudes de la vie, jouit d'une force extérieure et d'une indépendance comparables seulement à celles des *nia* des plus lointains ancêtres et occupe, à côté de ceuxci, une position privilégiée dans l'échelle des d:vinités.

Divinités ancestrales et naturelles. — Ceci étant donné, il. est aisé de percevoir quels sont les dieux principaux de la religion des Noirs.: ce sont les âmes des défunts, spécialement de ceux qui sont morts depuis le plus longtemps; et les âmes des accidents ou des phénomènes de la nature, les unes et les autres ne formant, dans l'esprit des fidèles, qu'une catégorie unique, présentant exactement les mêmes caractères, possédant les mêmes facultés et ayant droit au même culte. En principe, tout homme, tout animal, tout végétal peut être divinisé après sa mort, de même que tout minéral, tout accident ou phénomène naturel peut l'être de toute éternité : nous avons affaire à un animisme intégral. Dans la pratique, on ne divinise que les âmes des êtres qui, de leur vivant, ont affirmé leur personnalité, et celles des éléments qui ont révélé leur puissance d'une façon particulièrement frappante. D'autre part, comme je le disais plus haut, on n'établit aucune distinction fondamentale entre les âmes humaines et les autres et il arrive que, dans la suite des temps, le *nia* du plus lointain an-

cêtre se confonde, dans la pensée des indigènes et dans la représentation qu'ils s'en
font, avec l'âme du terrain acquis par cet
ancêtre. On ne fait pas non plus la distinction, chère aux religions à tendances dua-
listes, entre dieux et diables, entre bons et
mauvais esprits : aucune divinité n'est considérée comme essentiellement bonne ou mau-
vaise en soi et il n'existe pas d'âmes dont on
ne cherche qu'à s'attirer la faveur ni d'âmes
dont on ne cherche qu'à éviter le courroux ;
les fidèles demanderont à la même divinité
de les secourir eux-mêmes et de causer du
mal à leurs ennemis.

*Caractère familial de la religion négro-
africaine.* — D'autre part, il convient de ne
point perdre de vue le caractère collectiviste
et patriarcal des sociétés négro-africaines,
dans lesquelles chaque groupe issu d'une
même lignée constitue une cellule à la fois
indivisible et imperméable, au moins en
principe. Ce n'est pas n'importe quel homme
dont l'âme sera divinisée après sa mort, mais
seulement l'homme qui, de son vivant, a appartenu à la cellule : le culte des défunts doit
donc s'entendre dans le sens de culte des ancêtres. C'est pour la même raison que le culte
de la terre ne s'adresse pas au globe terres-
tre, mais à la parcelle du sol acquise par le
fondateur de la cellule et transmise par lui

à ses descendants. Aussi l'animisme des Noirs apparaît-il comme strictement familial, au moins dans ses manifestations générales ; la religion est localisée dans la famille, au sens étendu de ce mot ; les dieux, qu'ils soient ou non d'essence humaine, sont membres de la famille, et les divinités d'une famille n'ont point de part au culte des membres d'une autre famille.

Tout naturellement, le prêtre de cette religion familiale est le patriarche de la famille, c'est-à-dire le plus ancien des descendants vivants de l'ancêtre initial, lequel est aussi le premier des dieux du panthéon familial, conjointement avec l'âme du sol sur lequel il a autrefois posé le germe de la famille. Ce patriarche-prêtre n'a pas à recevoir d'éducation sacerdotale ni à être investi spécialement de la fonction religieuse qu'il exerce : il tient celle-ci, par droit de succession, du fait même qu'il est le remplaçant naturel et le descendant de l'ancêtre divinisé, qu'il a hérité de ses prérogatives en même temps que des formules et des rites inventés par cet ancêtre lors de la prise de possession de la terre, des eaux et de l'atmosphère familiales ; il est le seul à pouvoir entrer en communication avec les âmes des défunts qui l'ont précédé en cette vie et avec les âmes des forces naturelles au sein desquelles s'est développée la cellule dont il est le chef. Lui-même n'est-il point, d'ailleurs, à la veille de passer à son tour au rang de divinité, le jour prochain où il viendra à mourir, transmettant son sacerdoce et sa charge à l'aîné de ses survivants ?

C'est donc le patriarche qui, dans chaque famille, constitue l'intermédiaire obligé entre la collectivité des fidèles et les divinités familiales, âmes des ancêtres et âmes de la nature. C'est lui qui procède, au nom de tous et dans l'intérêt commun, aux cérémonies du culte.

Le culte. — Afin de mieux faire comprendre en quoi consiste ce culte et de quelle manière il est conçu, j'aurai recours, une fois de plus, à un terme indigène que, pour plus de facilité, j'emprunte, comme les précédents, à la langue mandingue. Dans cet idiome, on désigne par le mot *lâ-siri* (ou *dâ-siri* et *lâ-siti* selon les dialectes) ce que nous exprimons par l'un des mots « culte » ou « religion ». Ce terme signifie « dispositions prises (*lâ*) en vue de lier (*siri*) ». Il appert de là que, pour les Noirs comme pour nous, la religion consiste à « lier » la divinité, à contraindre celle-ci, par des rites appropriés, à accorder ce qu'on attend d'elle ou à écarter ce que l'on redoute, et que le culte est l'ensemble des dispositions prises en vue de lier ainsi la divinité, c'est-à-dire l'ensemble des rites (invocations, sacrifices, offrandes, prières) nécessaires à l'obtention du résultat cherché.

Bien entendu, ces rites varient selon la divinité à laquelle on s'adresse, selon l'objet que l'on se propose et aussi selon la mentalité et le degré de civilisation de la population considérée. Les formules d'invocation ne seront pas les mêmes pour la terre que pour le ciel ; la victime sacrifiée pourra être, dans les grandes occasions, un membre de la famille, par exemple un enfant du patriarche ou le premier-né de sa fille, ou bien un esclave, de préférence une jeune fille encore vierge, comme elle pourra être une génisse, une brebis, une chèvre, une chienne ou une simple poule, ou le mâle de l'une de ces espèces, ou même, dans les cas journaliers, un œuf ; les offrandes seront le plus souvent une partie de la chair de la victime ou seulement de son sang, ou bien ses poils ou ses plumes, ou encore le contenu de l'œuf et les débris de sa coquille ; elles peuvent aussi consister en libations de vin de palmier, de bière de mil ou de quelque autre boisson fermentée.

Il est rare que la religion familiale possède des temples à proprement parler. Les cérémonies du culte ont lieu là où la divinité qu'il s'agit de « lier » est censée résider d'ordinaire : l'âme de l'ancêtre sera invoquée à l'intérieur de la maison familiale ou dans la cour autour de laquelle sont disposées les habitations, ou bien sur la tombe du défunt ou à l'endroit où il est décédé, s'il a succombé à une mort violente ; l'âme de la terre le sera dans un champ ou à proximité d'une roche remarquable par son aspect ou les souvenirs qui s'y rattachent, celle du ciel en un point où la foudre est tombée, celle du fleuve sur le bord de l'eau, etc.

Par contre, il existe toujours un autel, mais celui-ci revêt les formes les plus diverses. Tantôt ce sera une sorte de banc en argile ou une pierre plate, tantôt un rocher ou l'entrée d'une grotte, tantôt la partie inférieure d'un tronc d'arbre ou bien un pieu planté en terre et se terminant à son sommet par une fourche à trois branches, tantôt une sorte de petite pyramide conique construite en pisé. Dans tous les cas, une écuelle placée sur l'autel ou la tombe, ou déposée entre les racines de l'arbre, ou fixée au sommet du pieu fourchu ou de la pyramide, sert à recevoir les offrandes ou les libations.

Les Noirs de l'Afrique ne pouvaient, certes. échapper à la loi, à peu près universelle, qui a conduit l'homme à matérialiser les divinités qu'il s'est créées. Sans doute, leur animisme est, par définition, à base spiritualiste. Mais il est bien difficile aux fidèles de ne point chercher à représenter, d'une façon plus ou moins symbolique, les forces mysté-

FIG. 1. — Statues d'ancêtres divinisés.
(Soudan Français, collection Bela Heim).

rieuses avec lesquelles ils se sentent en contact journalier, surtout lorsque rien ne les concrétise naturellement. Il est assez rare que la terre, le ciel, le fleuve, la montagne aient donné lieu à la confection d'idoles, parce que ce sont des divinités qui se manifestent d'elles-mêmes aux sens d'une manière tangible ; cependant, il est fréquent de voir leur puissance symbolisée par quelque être ou objet qui est à la divinité elle-même ce qu'est, par exemple, le bœuf Apis à Osiris ou la Croix au Christ et qui, dans la pensée des fidèles, participe en une certaine mesure du caractère sacré et divin de la puissance immatérielle qu'il évoque ou symbolise : ainsi tel animal sera considéré comme une émanation de la forêt ou du fleuve qu'il habite, tel arbre ou telle pierre comme celle du champ ou de la savane qui l'hospitalise, telle grotte comme servant d'asile préféré à l'esprit de la montagne ; c'est à cela que se réduit, la plupart du temps, ce que l'on appelle, assez inexactement, le culte des animaux, des arbres, des pierres ou des grottes.

A plus forte raison, les Noirs animistes ont-ils éprouvé le besoin de donner une représentation visible aux âmes divinisées des ancêtres ou, si l'on préfère, de statufier leurs saints. C'est ce besoin qui a donné naissance à la confection de ces innombrables statuettes et statues en bois ou en argile, quelque-

Fig. 2. — Statue de cavalier
(Dahomey, collection Fénéon).

fois en pierre ou en métal, que des amateurs européens collectionnent sous le nom de « fétiches », qui ne sont pas autre chose que les images des défunts et que l'on arrose du sang des victimes sacrifiées. Souvent aussi, c'est un objet ayant appartenu à l'ancêtre, son tabouret notamment, qui remplit l'office d'idole. D'autres fois, on se trouve en présence de véritables reliques, telles que des ossements enfermés dans un panier.

Ces représentations diverses de la divinité sont appelées *bôli* par les Mandingues, qui les distinguent nettement ainsi des *nia* qu'elles sont destinées à symboliser ou matérialiser. Toutefois, de même que nous donnons fréquemment le nom de « saint » à la statue même d'un saint, il arrive qu'ils confondent dans leur terminologie comme aussi, vraisemblablement, dans leur conception, le *nia* et son *bôli*, le dieu et l'idole.

Cultes généralisés et divinités spécialisées. — J'ai dit que la religion des Noirs est familiale en principe et que chaque famille a ses divinités propres, dont son patriarche est le prêtre. Cependant, il est arrivé que quelque ancêtre divinisé, par l'effet des miracles qu'on attribuait à son intervention, ait vu sa réputation déborder le cadre familial et son culte se généraliser, en même temps que l'objet de ce culte se spécialisait, conformément aux traditions qui s'étaient établies et qui représentaient telle divinité comme particulièrement qualifiée pour protéger de la variole, telle autre pour découvrir les individus doués de mauvais œil, etc... De même, telle montagne ou telle chute d'eau, dont le culte était au début localisé à l'intérieur de la collectivité sur le territoire de laquelle elle est située, a acquis par la suite une renommée étendue, comme possédant le pouvoir d'écarter la foudre ou de procurer de belles récoltes, et son culte s'est propagé au loin.

Ainsi se sont développés, parfois d'un bout à l'autre de l'Afrique noire, des cultes spéciaux dont l'origine remonte probablement à quelque vestige d'une vieille religion familiale, mais qui, à l'heure actuelle et souvent depuis des siècles, sont devenus de véritables cultes nationaux ou même internationaux. Les populations qui les professent n'ont en général aucune notion du lieu où ils ont pris naissance ni de la personnalité primitive de la divinité qu'elles révèrent aujourd'hui.

A ces cultes, à la fois généralisés dans leur ressort territorial et spécialisés dans leur objet, il fallait un clergé spécial et des rites spéciaux. Si le patriarche est qualifié pour parler aux dieux de sa famille et de son terroir, il ne l'est plus pour s'adresser à des divinités d'origine étrangère. Si les rites établis par l'ancêtre suffisent à « lier » cet ancêtre et les âmes de son domaine, ils deviennent inopérants vis-à-vis de divinités qui ne sont pas habituées à ces rites. C'est pourquoi ces cultes, communs à un grand nombre de familles et même de peuplades, possèdent chacun un clergé particulier, formé spécialement en vue du culte dont il s'agit, et préparé à sa mission par une initiation plus ou moins longue et plus ou moins secrète, comportant un enseignement, des épreuves, l'obtention successive de grades divers, l'emploi d'une langue conventionnelle réservée à l'usage des initiés et aux cérémonies rituelles. Celles-ci, de leur côté, se distinguent des cérémonies de l'animisme patriarcal par un extérieur plus compliqué et plus mystérieux, par des temples ou des lieux spécialement affectés au culte, notamment des bois sacrés, par des chants, des danses et une musique étranges, par des démonstrations destinées à impressionner les masses ou à effrayer les non-initiés, par l'emploi de masques grotesques ou terrifiants, dont s'affublent ceux qui sont censés personnifier la divinité, et de procédés curieux usités pour reproduire ce qu'on dit être la voix de cette dernière.

Les Européens donnent généralement le nom de « sociétés secrètes » aux confréries religieuses qui se sont formées dans le but de constituer des clergés pour ces cultes spéciaux et de procéder aux cérémonies qui les

Fɪɢ. 3. — Prêtre masqué de la tribu des Louloua
(Congo Belge).

caractérisent. Exacte en ce qui concerne certaines de ces confréries, cette appellation ne l'est point pour d'autres, dont les pratiques sont publiques et connues de tout le monde, même des non-initiés.

Magie et magiciens. — La religion familiale, on l'a vu, a été instituée et fonctionne au seul profit de la collectivité. Elle ne se soucie pas des intérêts individuels et le patriarche, seul intermédiaire possible entre la divinité et la masse des fidèles, n'intervient que lorsque le sort commun de celle-ci est en jeu. Il ne conviendrait point, notamment, de recourir à lui quand on désire obtenir la disparition d'un membre de la famille. Quant aux cultes spéciaux dont il vient d'être parlé, ils ont chacun un objet bien défini et l'on ne saurait, par exemple, s'adresser au dieu de la foudre ou au dieu destiné à combattre les jeteurs de sorts, lorsqu'on a à solliciter la guérison d'un cancer ou à se préserver du poison des flèches. C'est alors qu'intervient la « magie », qui a pris chez les Noirs un développement intense, et qui vient se substituer à la religion chaque fois que celle-ci est en défaut, c'est-à-dire, le plus souvent, quand ce n'est pas l'intérêt de la collectivité qui est en jeu.

La magie a, dans une certaine mesure, le même but initial que la religion, puisque, comme celle-ci, elle se propose d'obtenir, par l'intervention de puissances occultes dont on se rend maître, ce que l'homme, réduit à ses seules forces, ne pourrait se procurer. Mais elle en diffère par les moyens qu'elle emploie pour réaliser son objet. Elle s'en distingue surtout par la nature et l'étendue des intérêts qu'elle est appelée à servir, ainsi que par le caractère des personnes qui en détiennent le monopole. La religion s'adresse, par l'intermédiaire du chef de la famille ou de prêtres formés dans des collèges spéciaux, à des divinités pour ainsi dire officielles, selon des rites séculaires consacrés par la coutume et immuables, en vue de procurer les faveurs de ces divinités à la collectivité des fidèles prise dans son ensemble. La magie s'adresse, par l'intermédiaire d'un particulier qui s'est fait lui-même ce qu'il est, à des puissances mal définies, généralement connues du seul magicien qui a recours à elles et souvent inventées par lui, selon des rites qu'il a créés de toute spièces et qu'il modifie à son gré, en vue de procurer ce qu'ils souhaitent personnellement et pour eux-mêmes aux individus qui le paient à cet effet.

On pourrait dire que la magie est une tentative de réaction de l'instinct individuel contre le caractère collectiviste de la religion négro-africaine.

Magiciens et magiciennes pullulent dans

l'Afrique noire. Ils ont une clientèle au moins aussi nombreuse et aussi croyante que les prêtres des religions proprement dites, clientèle faite de la totalité des individus qui ont à demander pour eux-mêmes des choses qu'ils ne peuvent ou n'osent pas solliciter des divinités reconnues. Ils exercent une influence énorme sur cette clientèle et par suite, bien que celle-ci se décompose en individualités, sur les masses qu'elle constitue de par son effectif numérique. C'est la confiance invétérée et inébranlable des Noirs dans l'efficacité des pratiques magiques, et non point leur véritable religion, qui fait obstacle au progrès de leur mentalité et qui est cause, en grande partie, de l'état stagnant de leurs civilisations.

Il serait pourtant injuste de rendre les magiciens responsables de cette situation, car ils partagent la croyance de leurs congénères en la vertu de leur art et, s'ils se livrent à la magie, c'est assurément parce qu'elle est rémunératrice, mais c'est également parce qu'ils sont aussi crédules que leurs clients.

Parmi ces nombreux magiciens, il en est de toutes catégories. Les uns sont des guérisseurs ou des exorcistes, d'autres sont des fabricants d'amulettes et de talismans, des « féticheurs » à proprement parler; certains pratiquent l'envoûtement ou confectionnent des poudres magiques destinées à tuer ou à ren-

dre malades ceux sur lesquels on les pro-
jette ; beaucoup se contentent de prédire
l'avenir, de découvrir les secrets cachés ou
d'indiquer les choses néfastes ainsi que le
moyen de s'en préserver ; un grand nombre
joignent à leur soi-disant science occulte un
talent, parfois remarquable, de prestidigita-
teur, qui contribue à rehausser leur pres-
tige.

Croyances diverses. — La propension à
voir partout, comme une nécessité, l'intervention de ce qui est pour nous du surnatu-
rel, a donné naissance chez les Noirs à une
foule de croyances et de pratiques qu'il n'est
pas possible de qualifier de religieuses, mais
qui se rattachent, par bien des côtés, au domaine de la magie.

Telle est notamment la croyance, si répandue, à ces êtres auxquels les Mandingues
donnent le nom de *soûbagha* ou *soûbâ*, que
nous appelons improprement des « sorciers »
et qu'il serait plus exact de dénommer « jeteurs de mauvais sorts ». Ce sont des hommes ou des femmes qui passent pour être
doués, involontairement en général et in-
consciemment, de la faculté de faire mourir
les gens sur lesquels se porte leur pensée, en
« mangeant leur âme », c'est-à-dire, en la
circonstance, en les privant de leur *dia* ou
esprit vital, ou bien de les rendre fous en

substituant leur propre *nia* à celui de leurs victimes. Considérés comme des malfaiteurs publics, d'autant plus dangereux qu'ils igno-rent leur redoutable puissance, ces malheureux sont traqués et mis à mort par les confréries dites vulgairement de « contre-sorciers », qui constituent le clergé d'une de ces divinités spécialisées dont il a été question précédemment. Souvent, c'est le cadavre d'une prétendue victime du *soûbagha* qui, promené à travers le village, désignera lui-même le soi-disant meurtrier. Et la foi est si grande dans les âmes de tous que cet innocent deviendra persuadé de sa propre culpabilité et avouera être l'auteur d'un crime dont il n'avait même pas conçu l'idée.

Telle est encore la croyance aux « hommes-panthères » ou aux « hommes-hyènes », frères germains de nos anciens loups-garous, qui peuvent se transformer la nuit en fauves, tuer à coups de griffes et dévorer des enfants et même de grandes personnes, croyance tellement enracinée qu'elle est parvenue à créer effectivement le type d'ogres qu'elle avait imaginé, et que des gens, s'estimant destinés à cette tâche pour le moins singulière, commettent réellement des atrocités de cette nature à la faveur de déguisements ingénieux.

Telle est aussi la croyance aux multiples « interdits » ou « tabous » (*tana* ou *tènè* en

langue mandingue), qui pèsent les uns sur
un individu, les autres sur toute une collectivité (famille, clan, tribu ou village), em-
pêchant ceux qui y sont assujettis de détruire, de manger, de toucher même l'animal, la plante ou l'objet interdit. Il est difficile de s'imaginer les conditions misérables
dans lesquelles vivent nombre d'indigènes,
embarrassés dans tous les actes de leur existence par la peur de contrevenir aux inter-
dictions qui les frappent et de s'exposer ainsi
au châtiment automatique et souvent mortel
que doit entraîner, à leur idée, toute con-
travention de cet ordre. Tel d'entre eux, par
exemple, ne pourra pas manger de riz, parce
que c'est son *tana* individuel, révélé par un
devin au moment de sa naissance, ni manger de mouton, parce que cet animal est le
tana de son clan, ni sortir de sa maison le
lundi, parce que c'est là le *tana* de la caste à
laquelle il appartient, ni cultiver des ara-
chides dans son champ, parce que la partie
du terrain collectif où se trouve ce champ
est frappée de cette interdiction, etc.

Ainsi exposé continuellement à redouter
la colère d'une divinité qu'il aura négligé
d'apaiser par le sacrifice approprié, le courroux d'un ancêtre auquel il aura oublié d'of-
frir la première tasse du vin de palmier
recueilli dans la forêt, la malignité d'un magicien qu'il a surpris en conversation avec

Fig. 4. — Tambour sacré
(Guinée Française, Musée du Trocadéro).

un de ses créanciers, le mauvais œil d'une
femme qu'il soupçonne vaguement d'être
soûbagha, la dent d'un « homme-panthère »
qu'on lui a dit rôder la nuit aux alentours
de sa demeure, la vengeance d'un *tana* auquel il peut contrevenir sans s'en douter, le
Noir africain, en dépit de l'insouciance qu'on
lui attribue, passe une bonne partie de sa
vie dans la peur de maux qui le menacent,
et contre lesquels il n'a d'autre recours que
les pratiques religieuses ou magiques basées
sur la même crédulité qui engendre sa peur.

CHAPITRE II

La Famille

Sa composition. — La famille négro-africaine n'est aucunement équivalente au
groupe constitué par le père, la mère et les
enfants. Elle se compose essentiellement de
l'ensemble des descendants, vivant dans le
même lieu, d'un ancêtre commun. Il en
résulte qu'elle peut comprendre un nombre
considérable d'individus et présente, à cet
égard, une importance que ne saurait attein-
dre un simple « ménage ». Il en résulte
aussi que, le mariage entre parents n'étant
pas admis et deux époux ne pouvant par
conséquent avoir la même ascendance, la
femme ne fait pas partie de la famille de son
mari ; et il en est effectivement ainsi, au
moins en droit.

Une famille peut avoir été fondée soit par
un homme, soit par une femme. Dans le
premier cas, ce sont les descendants de cet
homme qui la constituent : alors la parenté
ne s'établit qu'en ligne paternelle et les en-

fants sont incorporés à la famille de leur père et non à celle de leur mère. Dans le second cas, ce sont les descendants de la femme qui forment la famille : on a affaire alors à une sorte de pseudo-matriarcat, au moins quant à la descendance, c'est-à-dire que la parenté ne s'établit qu'en ligne maternelle et que les enfants font partie de la famille de leur mère et non de celle de leur père. Dans les deux cas, la définition donnée plus haut de la famille demeure exacte : le tout est de savoir à quel sexe appartenait le premier ancêtre.

Cette circonstance est souvent inconnue des descendants, mais l'on constate aujourd'hui qu'il existe des peuples ou des tribus où l'on ne s'apparente que par les hommes et d'autres qui n'admettent que l'apparentement par les femmes.

Il semble bien qu'à l'origine le système de la parenté utérine était le seul en vigueur, de même que les traditions les plus anciennes et les moins susceptibles d'être entachées d'interpolations étrangères font toutes remonter à une femme la fondation des familles les plus illustres. Même chez les populations qui ont adopté la filiation masculine pour l'usage commun, il arrive souvent que la noblesse et, si l'on peut employer ce terme, la nationalité ne s'établissent que par filiation utérine : c'est ce que

l'on observe, par exemple, chez les Ouolofs
du Sénégal. Les indigènes qui pratiquent
cette coutume la justifient en disant qu'on
est toujours sûr d'être le fils de sa mère,
tandis qu'on ne peut prétendre avec certi-
tude être le fils de son père.

On pourrait être tenté de croire que la
substitution de la filiation masculine à la
filiation utérine soit attribuable à l'influence
de l'islamisme, mais les faits contredisent
cette hypothèse. En effet, des peuplades en
majorité islamisées, comme la plupart des
tribus peules et beaucoup de tribus du groupe
malinké, n'ont pas cessé de demeurer fidèles
à la filiation utérine, tandis que, parmi les
populations les plus réfractaires à l'islamisation, il en est, comme celle des Bambara,
qui ont abandonné ce système, depuis fort
longtemps sans doute, pour celui de l'apparentement en ligne masculine. Au surplus,
le voyageur arabe Ibn Batouta constatait,
au XIVᵉ siècle, que chez les gens de Oualata,
musulmans dévots et instruits, les hommes
se nommaient d'après leur oncle maternel
et non d'après leur père, et que ce n'étaient
pas les fils qui héritaient du père, mais bien
les neveux, fils de la sœur du père.

Le patriarche. — Que la famille soit à base
de parenté masculine ou de parenté fémi-
nine, le gouvernement en peut appartenir in-

différemment, au moins en principe, à un homme ou à une femme. En droit, la fonction de chef de famille revient à celui des descendants de l'ancêtre commun qui est le premier né des survivants de la génération la plus ancienne. La succession à cette fonction s'opère donc en ligne collatérale, de frère à frère ou de cousin à cousin, sans distinction de sexe, jusqu'à extinction complète des membres de la génération, après quoi elle passe au premier né de la génération suivante, et ainsi de suite.

En fait, la femme se trouve écartée le plus souvent de cette dignité, non pas en raison d'une incapacité qui serait due à son sexe et que la coutume indigène n'admet point, mais parce que, vivant avec son mari, c'est-à-dire au sein d'une famille qui n'est pas la sienne, elle pourrait difficilement remplir les charges que comportent les fonctions patriarcales. Par ailleurs, on lui confie sans répugnance le commandement de la famille si elle est veuve et si son âge avancé laisse croire qu'elle ne se remariera pas.

Il arrive aussi quelquefois que des anciens de la famille s'accordent pour écarter l'héritier naturel, même s'il est un homme, lorsqu'il est faible d'esprit ou affligé d'une infirmité qui le rendrait inapte au commandement, ou bien quand son tempérament prodigue fait craindre qu'il dissipe à son profit le trésor familial dont l'administration lui serait confiée.

Les fonctions de chef de famille, en effet, si elles constituent un poste honoré, comportent en échange de multiples et parfois délicates obligations. Tout d'abord, le patriarche doit faire régner l'ordre et la concorde parmi les personnes de tout âge et de tout sexe qui composent sa famille et dont le nombre, rarement inférieur à vingt, se monte fréquemment à plusieurs centaines, sans compter les épouses qui, bien que ne faisant pas partie juridiquement de la famille, s'y trouvent incorporées en fait, sans compter aussi les descendants d'esclaves, sorte de vassaux ou serfs familiaux, parfois plus nombreux que leurs seigneurs, sans compter enfin les étrangers de passage. Il lui faut écouter les doléances de ses administrés, rendre la justice au sein de cette cellule sociale qui, à elle seule, forme un petit monde, se faire son interprète et son avocat dans les différends qu'elle peut avoir avec d'autres familles, répondre de tout ce qui se passe dans les limites de son commandement au chef politique du pays, assister aux réunions du conseil de village ou de l'assemblée des anciens de la tribu.

A ces fonctions sociales, judiciaires et politiques, le patriarche joint les fonctions sacerdotales dont il a été parlé au chapitre

Fig. 5. — Couple de la tribu des Balouba.
(Congo Belge).

précédent et, en outre, les fonctions de régisseur du sol familial et d'administrateur du bien de famille. C'est lui, en effet, qui a la garde et le dépôt des droits et privilèges acquis par l'ancêtre, pour lui et ses descendants, sur la parcelle de terre où la famille a été fondée. Il a le devoir, au début de chaque saison agricole, de renouveler solennellement le pacte conclu autrefois entre cet ancêtre, qu'il continue et représente, et la divinité du sol ; faute de ce renouvellement, la terre se refuserait à produire et la famille serait réduite à la famine ou à la nécessité d'émigrer. Il a également la charge de procéder, chaque année, au lotissement des terrains arables entre les ménages ou, si la culture se fait en commun, à la répartition du travail d'abord et de la récolte ensuite.

Enfin, il doit administrer le trésor familial, avec prudence et au seul profit de la collectivité, car il n'en est que le gérant responsable et n'en a nullement la propriété ni la libre disposition.

Le mariage. — Bien que le mariage ne constitue pas véritablement la base de la famille négro-africaine, qu'il ne soit en principe dans la vie familiale qu'un accident, il est, tout au moins en fait, un accident nécessaire, puisqu'il a pour résultat de perpétuer la famille.

Autrefois, il s'opérait toujours sous la forme d'un échange de femmes entre deux familles alliées à cet effet : l'une, recevant de l'autre une jeune fille d'âge nubile, la remplaçait numériquement par une jeune fille de même âge prélevée dans son sein. Cette coutume a subsisté dans un grand nombre de régions, surtout parmi les peuplades les plus arriérées. Mais elle présente des inconvénients notables : d'une part, il peut se faire qu'une famille ait plus de jeunes gens à marier que l'autre famille ne possède de jeunes filles, ou inversement, ou bien que l'une n'ait pas de jeune fille nubile à donner en échange de celle qu'elle voudrait obtenir, en sorte que les unions projetées sont souvent impossibles à réaliser ; d'autre part, les deux ménages constitués simultanément sont en quelque sorte solidaires l'un de l'autre et la rupture de l'un risque d'entraîner celle de l'autre ; par exemple, si l'une des épouses vient à être répudiée par son mari et retourne dans sa famille, celle-ci sera contrainte de rendre à l'autre famille la femme d'échange qu'elle en avait reçue.

Aussi la plupart des peuples négro-africains ont abandonné ce système et substitué à la femme d'échange ou de remplacement une somme en bestiaux, tissus ou espèces, que nous appelons communément une « dot » et qui, en réalité, est une valeur représentative de la femme reçue et en même temps une caution. De plus, au lieu de limiter au cycle trop restreint de deux familles les alliances matrimoniales, on en est venu généralement à prendre femme dans n'importe quelle famille à l'exception de la sienne propre, tout en respectant les préjugés de caste.

La « dot », quand il s'agit d'un homme prenant femme pour la première fois, est prélevée sur le bien de sa famille. Car on considère que le devoir d'une famille est de procurer une épouse à chacun de ses membres masculins. Si un homme déjà marié prend une seconde femme, c'est à lui personnellement qu'il incombe de faire les frais de la « dot ». Dans les deux cas, celle-ci est versée à la famille de la future, sauf chez certaines peuplades musulmanes, où l'usage a prévalu de transformer cette « dot » en un douaire, qui devient la propriété de l'épousée elle-même.

Il est inexact de dire que les Noirs achètent leurs femmes. L'achat d'un objet quelconque ou même d'une personne, d'un esclave par exemple, rend l'acheteur propriétaire de l'objet ou de l'individu acheté. Or, les Noirs n'admettent aucunement que le mari ait sur sa femme un droit de propriété quelconque, ni directement, ni indirectement par l'intermédiaire de la famille qui a versé la « dot » ;

il ne peut disposer d'elle ni la mettre en gage.
En réalité, l'épouse continue à appartenir à
sa famille à elle ; elle est simplement mise,
à titre transitoire, à la disposition de la famille de son mari et seulement aux fins de
tenir le ménage de celui-ci et de procréer avec
lui des enfants. En compensation, la famille
du mari, à défaut d'une femme d'échange,
remet à la famille de l'épouse une somme
qui, de son côté, ne constitue qu'un simple
dépôt de garantie. Tant que la femme demeure dans la famille de son mari, sa famille à
elle conserve la « dot » ; il en est de même
si la femme vient à mourir en état de mariage. Mais du jour où, à la suite de la rupture du mariage, la femme retourne dans sa
famille, celle-ci restitue la « dot » à la famille du mari.

La remise d'une femme d'échange ou
d'une « dot » compensatrice, si minime que
soit cette dernière et ne constituât-elle
qu'une simple formalité, est nécessaire pour
que le mariage soit légal. Il faut en outre
que l'accomplissement du mariage soit précédé d'une série de démarches, réglées par
l'usage, qui correspondent, dans une certaine mesure, aux prescriptions ayant cours
en France en vue d'assurer aux unions légitimes une certaine publicité et de leur donner, au moyen de délais imposés par la loi,

une certaine garantie contre des surprises ou des déconvenues possibles.

Ce sont en général des gens de caste (forgerons, cordonniers, « griots », etc.) qui procèdent directement aux négociations préliminaires. Ces négociateurs joueront, le cas échéant, le rôle de témoins, s'il survient ultérieurement des contestations, notamment si la question du divorce vient un jour à se poser. Ce n'est qu'une fois les termes du contrat arrêtés par les intermédiaires que le futur, désormais agréé comme fiancé, est autorisé à entrer en relations directes avec la famille de la future.

Encore ces relations se bornent-elles en général à des visites de politesse qu'il fait aux parents de sa fiancée, sans chercher à voir celle-ci et sans prononcer son nom ni demander de ses nouvelles, la bienséance s'y opposant. A chacune de ces visites, il apporte de menus cadeaux au père et surtout à la mère de sa fiancée. Il s'arrange d'autre part pour leur rendre des services et notamment, avec le concours des camarades de son âge, pour cultiver le champ de son futur beau-père et l'aider à faire la moisson. C'est généralement une fois les récoltes rentrées que le futur est admis à faire sa cour à la future elle-même ; il lui offre alors des cadeaux — étoffes, bijoux, bestiaux, etc — dont la valeur totale dépasse souvent, de beaucoup, le montant de la « dot » versée ou à verser par sa famille. Ces cadeaux, englobés assez inexactement par beaucoup d'Européens sous la dénomination de « petite dot », sont à la charge personnelle du fiancé ou de ses parents et deviennent la propriété personnelle de la future.

Cette période, que nous appelons communément « période des fiançailles », dure plusieurs mois et parfois plusieurs années. Le futur tient à en abréger la durée, car elle est pour lui fort onéreuse : la future et sa famille, au contraire, font tout leur possible pour la prolonger ,car elle est pour elles une occasion de bénéfices qui cesseront le jour de l'accomplissement définitif du mariage.

Ce jour enfin fixé, moyennant, le plus souvent, un cadeau supplémentaire fait à la mère de la fiancée par le futur ou sa famille, et la « dot » versée soit en totalité soit en partie, le reste devant alors être remis en une ou plusieurs fois après le mariage, selon ce qui a été convenu, la jeune fille est conduite par sa mère ou ses amies, ou par les négociateurs de l'union, à la mère du futur, laquelle la remet aux mains de son fils. Sauf chez les populations islamées ou christianisées, l'accomplissement du mariage ne donne lieu en général à aucune cérémonie ni réjouissance bien caractérisée.

Les négociations, démarches et préliminaires dont il vient d'être question n'atteignent toute leur ampleur et leur complexité que lorsque des familles nobles ou riches sont en cause. Chez les prolétaires et les pauvres, tout est simplifié : les négociations sont conduites rapidement ; la période des fiançailles est ramenée au minimum de durée ; les cadeaux faits par le fiancé consistent seulement, pour les parents, en quelques jarres de vin de palmier ou de bière de grains, quelques noix de cola ou quelques feuilles de tabac, et, pour la future, en quelques verroteries ; quant à la « dot », elle peut être réduite à une valeur de quelques francs, tandis qu'elle se monte souvent à plusieurs milliers de francs chez les riches.

Une coutume très répandue, surtout dans les familles qui se piquent de noblesse, consiste à fiancer les filles alors qu'elles sont encore en bas âge, parfois même avant leur naissance. Le mariage ne pouvant, de toute manière, s'accomplir qu'une fois l'âge nubile atteint par la future, la période des fiançailles peut, dans ces conditions, durer jusqu'à une douzaine d'années, au grand plaisir de la famille de la jeune fille, qui, pendant tout ce temps, se fait plus ou moins entretenir par le fiancé. De plus, ce dernier était généralement déjà un homme fait lorsque sa future, encore au berceau, lui a été promise, en sorte que la grande différence d'âge qui existe entre les deux fiancés n'incite nullement la jeune fille à faire hâter le moment du mariage.

L'existence de cette coutume suffirait à démontrer que le consentement de la future n'est pas exigé. En droit, il n'en est aucunement question, même quand l'union est décidée alors que la jeune fille serait parfaitement en âge d'exprimer son opinion. En droit également, le consentement du futur n'a pas non plus à être sollicité, au moins lorsqu'il prend femme pour la première fois. Selon les principes adoptés en pays noir, le mariage est le résultat d'un contrat entre deux collectivités, en l'espèce deux familles, et non point entre des individus. Il arrive même que le choix des deux futurs époux soit arrêté, par les patriarches des deux familles, sans que les parents directs des fiancés aient été seulement pressentis.

En fait, les choses ne se passent point avec une telle rigueur. Non seulement les parents de chacun des futurs ont voix au chapitre, non seulement le jeune homme à marier est fréquemment le premier à avoir distingué la jeune fille qui lui plaît et amène ses parents à la lui faire obtenir, mais la jeune fille elle-même est souvent d'accord avec le jeune homme avant même le début des négociations officielles ; sinon, elle est mise au courant de ce qui se trame à son sujet, par les indiscrétions, habituellement volontaires, de sa mère ou de son père ; elle ne se gêne pas pour faire connaître son opinion et elle peut arriver, si elle sait s'y prendre, à faire écarter un parti qui ne lui convient pas.

Polygamie. — La polygamie est admise partout, en dehors des quelques éléments christianisés. Chez les musulmans, le nombre des femmes légitimes que peut posséder simultanément un même époux est limité à quatre. Chez les animistes, ce nombre n'a d'autres limites que les disponibilités financières du mari.

Dans la pratique, il n'y a guère que les rois et les chefs de quelque envergure à pouvoir se payer le luxe d'une dizaine de femmes, ou même, comme le cas a été observé quelquefois, d'une ou plusieurs centaines. On rencontre beaucoup de maris ayant deux femmes, un certain nombre en ont trois ou quatre, mais la grande majorité des Noirs est monogame en fait et par nécessité. Dans plusieurs provinces même, notamment dans le domaine des Bantou de l'Afrique équatoriale et méridionale, l'effectif des hommes parvenus à l'âge mûr sans avoir pu s'affranchir du célibat est considérable, en raison de ce que la polygamie excessive des chefs rend le total des femmes disponibles inférieur à celui des hommes en âge de se marier. C'est là une situation qui illustre de façon frappante l'un des inconvénients du régime polygamique, quand il est pratiqué avec excès.

Lorsqu'il ne l'est que dans une mesure raisonnable, il ne semble pas donner lieu, chez les Noirs, à des maux appréciables et il offre même de réels avantages dans l'état actuel de leurs civilisations. Les devoirs ménagers, qui, chez eux comme ailleurs, incombent aux femmes, sont plus lourds en Afrique qu'en Europe, tant à cause de la nécessité d'aller puiser de l'eau et chercher le bois de chauffage loin des habitations, de moudre journellement la farine, de préparer les repas à l'aide d'un outillage rudimentaire, etc., qu'à cause de l'inexistence de serviteurs par suite de la suppression de l'esclavage, que le salariat n'a pas réussi encore à remplacer. Aussi, dès qu'un ménage monogame a plusieurs enfants, la tâche de la femme devient tellement écrasante qu'elle est la première à solliciter son mari de prendre une seconde épouse.

La coutume a prévu, non seulement les obligations réciproques des deux époux d'une union monogame, lesquelles sont sensiblement analogues à celles des deux époux dans un ménage européen, mais aussi les obligations du mari polygame vis-à-vis de ses diverses épouses et les obligations qu'ont celles-ci les unes vis-à-vis des autres. L'époux a le droit de répartir la besogne domestique entre ses différentes femmes, mais il doit à chacune un traitement égal, tant sous le rapport de la générosité dont il fait preuve à leur endroit que sous celui des relations conjugales. La première épousée est toujours la maîtresse de maison et les autres lui doivent obéissance et respect, mais la dernière épousée est en général dispensée, au moins au début de son union, de certaines corvées. Lorsque l'une des femmes a des enfants en bas-âge et qu'elle vient à tomber malade ou à mourir, c'est aux autres qu'il appartient de prendre soin des enfants et, le cas échéant, de leur donner le sein, si elles sont à même de le faire.

Rupture du mariage. — Le divorce est admis par la coutume, mais elle s'est efforcée d'en limiter la pratique en désavantageant celui des deux conjoints qui l'a provoqué ou sollicité, ou la famille à laquelle il appartient, quels que puissent être d'ailleurs les torts réciproques des deux parties. Si c'est le mari qui répudie sa femme, la « dot » est restituée par la famille de celle-ci à la famille du mari, mais les cadeaux qu'avait faits le futur aux parents de sa future demeurent acquis à ceux-ci en totalité, de même que les dépenses faites par le futur ou sa famille durant la période des fiançailles ne leur sont

point remboursées. Si c'est au contraire la
femme qui, ayant déserté le domicile conjugal, refuse d'y revenir, ou qui sollicite le divorce, la coutume exige de sa famille, en plus
du remboursement de la « dot », celui de
tout ou partie des cadeaux reçus et des dé
penses effectuées.

Pour ce qui est des enfants nés préalable-
ment au divorce ou dans les neuf ou dix mois
qui suivent celui-ci, leur sort est réglé selon
le mode de filiation en cours : ils appartiennent à la famille du père là où règne le système de la parenté par les hommes, à la famille de la mère là où règne le système op-
posé. Toutefois, dans le premier cas, les enfants en bas âge ou à naître sont laissés à leur
mère tant qu'ils ne peuvent se passer de ses
soins, à charge pour le père ou sa famille
d'indemniser la mère en conséquence lorsque celle-ci les lui renverra.

Lorsqu'une union matrimoniale vient à
être rompue par le décès de l'épouse, la
« dot » demeure acquise à la famille de la dé-
funte, ainsi que la totalité des cadeaux reçus
durant les fiançailles, et les enfants, selon que
l'on se trouve en présence du régime de filiation masculine ou du régime de filiation utérine, demeurent avec leur père ou passent à
la famille de leur mère.

Si c'est le mari qui vient à mourir le premier, les choses peuvent se passer de deux fa-

çons différentes : chez certaines peuplades, la veuve ou les veuves rentrent dans leurs familles respectives, qui restituent alors les « dots » à la famille du mari défunt, et les enfants sont attribués, selon le régime de parenté établi, soit à la famille de leur père soit à celle de leur mère ; chez d'autres populations, on ne considère pas le mariage comme rompu, mais l'héritier du mari défunt se substitue à celui-ci et devient le père légal des enfants et l'époux légal de la veuve ou des veuves, les « dots » étant conservées par les familles qui les avaient reçues. Dans ce dernier cas, si l'héritier se trouve être le fils du défunt, il ne peut avoir de relations charnelles avec les femmes de son père, dont l'une d'ailleurs est sa propre mère, et il se contente de pourvoir à leur entretien, ou bien il les marie, en échange d'une « dot » qui, alors, est versée à lui-même, à quelqu'un de ses parents ou de ses amis.

On remarquera que l'application de ces diverses coutumes résout, d'une manière très satisfaisante, tout au moins au point de vue économique, la question des veuves et des orphelins, parfois si angoissante dans les sociétés européennes. En fait, il est permis de dire que, dans les sociétés négro-africaines, il n'y a ni veuves ni orphelins, les unes et les autres étant nécessairement à la charge soit de leur famille soit de l'héritier du mari.

Ainsi le collectivisme de ces sociétés relativement primitives, s'il porte atteinte à la liberté individuelle et paralyse le progrès en s'opposant à la constitution d'une élite, se montre, à certains égards, plus humain et plus secourable que l'individualisme, parfois égoïste et féroce, des civilisations plus évoluées.

Union libre. — Il peut exister en dehors du mariage légal — et il existe effectivement — des unions libres, contractées par l'accord direct des deux conjoints, souvent avec l'agrément au moins tacite de leurs familles respectives, sans qu'il y ait eu ni versement de « dot » ni négociations préliminaires. C'est un cas assez fréquent chez certaines peuplades, surtout dans les classes pauvres.

Rien ne distingue extérieurement ces unions des ménages réguliers et ceux qui les pratiquent ne sont l'objet d'aucun blâme ni d'aucune déconsidération. Mais l'homme qui vit en cet état est estimé célibataire et, même dans les pays où l'on observe la filiation en ligne masculine, les enfants nés de telles unions sont réputés n'avoir point de père et appartiennent à la famille de leur mère, à laquelle ils sont nécessairement remis en cas de rupture de l'union, quel que soit le motif de cette rupture.

Toutefois, une union contractée librement peut être régularisée par la suite, au moyen du versement d'une « dot », si les deux familles se mettent d'accord à ce sujet. Alors

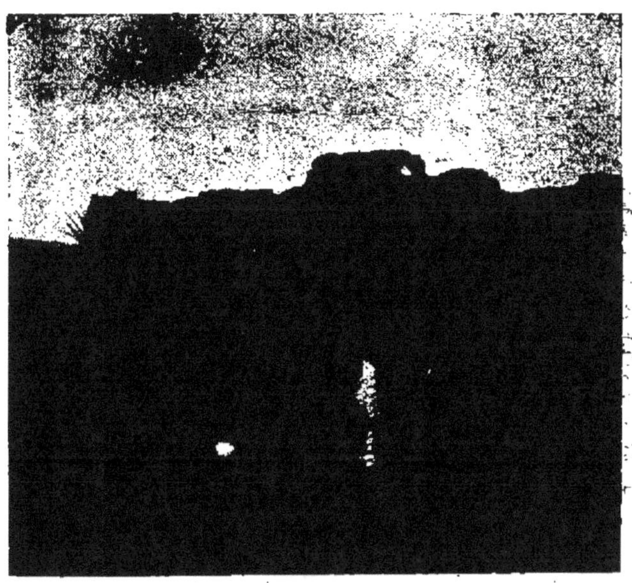

FIG. 6. — Entrée d'une habitation familiale
à Bondoukou (art soudanais).

les enfants nés avant la régularisation se trouvent légitimés.

CHAPITRE III

Institutions sociales

Le clan. — Le clan, chez les Négro-Africains, n'est pas autre chose que la famille élargie. Nous avons vu que la famille se compose de l'ensemble des descendants d'un ancêtre commun vivant dans le même lieu. On pourrait définir le clan l'ensemble des familles issues d'un même ancêtre lointain, ou, si l'on préfère, l'ensemble des descendants d'un ancêtre commun vivant en des lieux différents.

Au début, le clan et la famille se confondent, tant que l'habitat des descendants de l'ancêtre est concentré sur le même point. Mais il arrive un jour où le nombre des descendants s'est accru au point que la terre acquise par l'ancêtre devient insuffisante à les alimenter ; il peut arriver aussi qu'une brouille intervienne entre une fraction de la famille et le reste de la communauté. Dans l'un ou l'autre de ces deux cas, une partie de la famille, sous la conduite du plus an-

cien des hommes de son groupe, se sépare
du noyau initial et s'en va à la recherche
d'une nouvelle terre encore vacante où elle
pourra s'établir, ou d'une famille étrangère
qui voudra bien l'accueillir et, dans une
certaine mesure, se l'incorporer. Une fois
séparée du noyau initial, cette fraction constitue une nouvelle famille, ayant comme
chef ou patriarche celui qui a dirigé la migration ; mais elle ne cesse point pour cela
de demeurer attachée par les liens du sang
à la famille dont elle est issue et avec laquelle
elle continue à former un même clan. Il en
sera de même, par la suite, de toutes les
familles secondaires qui essaimeront, pour des
motifs analogues, de l'une ou l'autre des deux
familles primitives.

Ce sont toutes ces familles qui, ensemble,
constituent un clan. Chacune d'elles est appelée par les Mandingues *lou* ou *dou* (habitation familiale) ou encore *gba* ou *goua* (foyer);
le clan résultant de leur totalisation est dé-
nommé par le même peuple *niagba* ou *nid*,
c'est-à-dire « nid ».

Il est bien évident que l'unité du clan ne
saurait présenter le même caractère que celle
de la famille. Tant que les différentes familles
de même souche restent en relations réciproques, soit parce qu'elles habitent à proximité les unes des autres, soit parce qu'une
voie de communication naturelle, telle qu'un

fleuve navigable, facilite entre elles les échanges et les visites, le clan présente une certaine solidité et peut même avoir un chef unique, qui est le patriarche de la famille dont sont sorties les autres. Mais, si la dispersion s'accentue, elle amène fatalement une diminution dans la fréquence des rapports et un relâchement dans la solidité des liens. Le commandement du clan ne peut plus s'exercer en fait le chef de clan n'a plus d'autorité que sur les quelques familles résidant à proximité de la sienne. Avec le temps, les traditions elles-mêmes s'obscurcissent et les fractions d'un même clan finissent pas s'ignorer les unes les autres, d'autant mieux que plusieurs, établies en pays étranger, ont oublié la langue de leurs ancêtres pour en adopter une autre et, de ce fait, ont acquis, jusqu'à un certain point, une nationalité nouvelle.

Cependant, des coutumes séculaires, très généralement observées, fournissent aux divers membres d'un même clan le moyen de se reconnaître comme parents et, le cas échéant, de pratiquer les uns vis-à-vis des autres une solidarité analogue à celle qui règne entre membres d'une même famille. Ces coutumes visent principalement l'emploi d'un nom déterminé pour chaque clan et l'usage d'un interdit commun à tous les membres du clan. De l'accord unanime des indigènes interrogés à cet égard, il résulte que c'est l'ancêtre du clan qui aurait institué ce nom et cet interdit et aurait solennellement transmis l'un et l'autre à tous ses descendants à venir.

Le nom de clan, chez beaucoup de peuplades et notamment dans la zone soudanaise, est porté de façon constante par les membres du clan, qui l'énoncent à la suite de leur nom individuel, comme nous plaçons notre nom de famille à la suite de notre nom de baptême : on aura ainsi, chez les Mandingues, des individus appelés To Diâra (c'est-à-dire To du clan Diâra), Bala Kouloubâli (Bala du clan Kouloubâli), San Bamba (San du clan Bamba), etc. Ailleurs, par exemple chez les Péuls et parmi de nombreuses populations du *Golfe de Guinée* et de l'Afrique sub-équatoriale, il n'est pas d'usage de désigner habituellement les gens en accolant leur nom de clan à leur nom individuel, mais ce nom de clan n'en existe pas moins et on l'emploie lorsqu'on veut désigner collectivement les membres d'un même clan : on opposera, par exemple, chez les Peuls, les Dialloubé aux Hanhanbé, c'est-à-dire les gens du clan Diallo aux gens du clan Kan.

Le nom de clan rappelle toujours, d'une manière ou d'une autre, les origines du clan ou les circonstances de sa fondation. Ainsi

Diâra est une abréviation de la phrase *a bo-ra Diâ-ra* (il est venu du Diâ ou Massina occidental), qui conserve le souvenir du lieu d'où était partie la migration de l'ancêtre ; *Kouloubâli* est un participe négatif signifiant « qui n'a pas été transporté en bateau » et renferme une allusion à la façon miraculeuse dont l'ancêtre, poursuivi par des ennemis, a pu mettre un fleuve entre eux et lui, grâce à l'obligeance d'un gros poisson qui lui a fait traverser l'eau sur son dos ; *Bamba*, qui est le nom du crocodile, rappelle que l'ancêtre, sur le point d'être saisi dans une grotte par un crocodile, lui a échappé grâce à un grillon qui avait creusé un trou au sommet de la grotte, trou que l'ancêtre a pu, en l'agrandissant, utiliser pour se sauver.

On remarquera que, dans ce dernier exemple, où le clan porte le nom d'un animal, ce n'est pas celui de l'animal respecté par le clan (en l'espèce, le grillon), mais au contraire celui de l'animal aux atteintes duquel l'ancêtre a pu échapper par l'entremise du premier. Cette circonstance, commune à tous les cas de ce genre, est à opposer à ceux qui croient voir une trace de totémisme dans le fait que plusieurs noms de clans négro-africains sont des noms d'animaux.

Les diverses langues en usage dans l'Afrique noire désignent en général le nom de clan par une expression que l'on pourrait traduire par « terme honorifique » ou « titre de noblesse », comme *diamou* (ce qui grandit) en mandingue ou *yettödé* (ce qui honore) en peul. Il convient de rapprocher de ce fait l'usage, universel chez les nègres, consistant à interpeller quelqu'un par son nom de clan lorsqu'on a l'intention de lui rendre hommage ou de lui être agréable ; on affirme ainsi que cet individu a des aïeux connus et, par conséquent, qu'il a, comme nous disons, de la naissance, ou de la branche.

Cependant, le nom de clan ne suffit pas toujours à permettre, à deux personnes qui s'ignorent, de reconnaître qu'elles sont de même descendance. Il arrive en effet qu'en changeant de langue, les familles ont changé de nom de clan, soit qu'elles aient, en quelque manière, traduit leur nom de clan primitif dans la langue adoptée en remplacement de l'ancienne, soit qu'elles lui aient substitué le nom d'un clan de leur pays d'adoption ayant le même interdit que leur propre clan et paraissant présenter ainsi avec celui-ci quelque analogie. Par exemple, un Sénoufo du clan Soroho, en acquérant la nationalité mandingue, deviendra un Kouloubâli, tandis qu'un Sénoufo du clan Yého deviendra un Oua!ara. Dans ce cas de deux individus ne parlant pas le même idiome et portant des noms de clan différents, c'est à la communauté de l'interdit de clan qu'ils se reconnaî ront — ou croiront se reconnaître — une communauté d'origine.

L'interdit a été institué par l'ancêtre en même temps que le nom de clan. Générale-ment, il porte sur l'espèce animale dont un représentant a sauvé l'ancêtre en quelque circonstance critique ; mais il peut porter aussi, pour des raisons semblables, sur une espèce végétale (le riz, par exemple, ou une variété de riz) ou sur une catégorie d'objets fabriqués (les étoffes de couleur bleue, par exemple) ou sur une collectivité humaine déterminée (un autre clan, une caste, etc.). Les Diâra ont pour interdit le lion, parce que leur ancêtre, encore à la mamelle et sur le point de mourir d'inanition, sa mère n'ayant plus de lait, a été allaité par une lionne. Les Kouloubâli ont naturellement pour interdit le poisson qui a secouru leur ancêtre ; les Bamba, le grillon qui a sauvé le leur des mâchoires du crocodile.

Par la suite, une autre circonstance ana-logue a pu faire instituer, par des ancêtres moins lointains, des interdits secondaires qui sont venus s'ajouter à l'interdit primitif. Parfois, celui-ci arrive à tomber en désué-tude dans l'une des fractions du clan, au bénéfice d'un interdit plus nouveau, tandis qu'il subsiste dans une autre fraction. C'est ainsi que les Kouloubâli ont, comme premier interdit, le poisson dont il a été parlé (une variété de silure fluviatile) et, comme interdit secondaire, le léopard : ceux d'entre eux qui habitent près du Niger, où abonde le poisson en question, le considèrent toujours comme leur « tabou » principal ; mais ceux qui demeurent loin du fleuve ont laissé le léopard prendre le pas sur le poisson absent.

Ces interdits de clan complètent, en quelque sorte, la marque extérieure constituée par le nom de clan : c'est une manière d'armes parlantes qui vient s'ajouter au titre de noblesse. Par la conception d'ordre magique qui préside à leur fonctionnement, ils ne se distinguent en rien des autres interdits collectifs (de village, de tribu, de caste) ou individuels. L'animal sacré du clan n'est l'objet d'aucun culte. On croit seulement que les membres du clan doivent s'abstenir de le molester, de le tuer, de le manger, de le toucher même, et que les contrevenants s'exposeraient à la mort ou à une maladie grave. A la vérité, lorsqu'on a touché par mégarde un individu de l'espèce interdite, on offre un sacrifice pour détourner le châtiment ; mais ce n'est pas à l'interdit que ce sacrifice est offert : c'est à l'ancêtre. N'est-ce pas en effet ce dernier qui a sacré l'animal pour ses descendants et a voué aux pires malheurs ceux qui ne respecteraient pas l'interdiction prononcée par lui ? C'est donc lui seul qui est en mesure de détourner le châtiment que lui seul avait, par avance, prononcé.

Quelle que soit la fragilité apparente des liens qui unissent ensemble les membres du clan, cette institution présente une importance sociale et politique qui n'est point négligeable. En effet, les membres d'un clan donné, même s'ils ne se connaissent pas et ne se sont jamais vus, même s'ils appartiennent à des nationalités différentes, se doivent mutuellement aide et assistance dans toutes les circonstances de la vie privée et publique. Un individu ne peut témoigner en justice contre une personne qui appartient au même clan que lui, même lorsqu'il sait pertinemment que les torts sont du côté de cette personne. Si une fraction d'un clan part en guerre, les autres fractions, n'eussent-elles aucun intérêt dans la querelle, sont tenues de prendre parti contre les ennemis de la première.

Il arrive souvent qu'entre deux clans, distincts par leur ascendance, s'est établie une sorte d'alliance qui les lie l'un vis-à-vis de l'autre de la même manière que sont liés cette alliance est d'ordre matrimonial et provient de ce que les hommes de l'un des deux clans prennent femme chez l'autre, et réciproquement (par exemple, clan Keïta et clan Konté chez les Mandingues du groupe malinké) ; tantôt elle s'est produite à la suite de circonstances diverses. Une coutume assez curieuse veut que deux individus, appartenant respectivement à deux clans ainsi alliés, peuvent s'insulter sans qu'il en résulte rien de fâcheux, alors que, dans toute autre circonstance, les Noirs se montrent extrêmement chatouilleux sur ce terrain.

En général, les membres d'un clan ne se marient pas à l'intérieur de leur clan, mais l'exogamie n'est pas érigée en règle absolue. Si elle est le plus souvent observée, c'est que les membres d'un même clan qui se connaissent suffisamment pour être tentés de s'épouser sont parents à un degré considéré comme trop rapproché. Mais on peut citer de nombreux exemples de mariages contractés entre hommes et femmes du même clan, lorsque la communauté de descendance remonte à un nombre élevé de générations.

Les classes sociales. — Quelque primitifs que nous paraissent les Noirs africains, ils n'ont pas échappé au phénomène de la division de la société en classes. Il y a chez eux une noblesse, composée de tous ceux qui peuvent établir leur généalogie et montrer qu'ils ont droit, depuis une époque reculée, à un nom de clan honoré ; et puis il y a la classe des vilains, constituée par les esclaves encore subsistants, qui ne connaissent pas

leurs ascendants, et surtout par les très nombreux descendants 'd'esclaves, qui, quoique
s'affublant en général du nom de clan de
leurs seigneurs, ne peuvent faire remonter
leur généalogie qu'à un ancêtre de condition
servile. Les premiers, les nobles, sont appelés « les hommes bons » (comparez, chez
nous, le terme « gentilhomme ») ; les autres
sont désignés par la simple expression
d' « hommes » ou par celle d' « hommes
ordinaires ».

Est noble, en somme, quiconque est né
d'ancêtres de condition libre et se trouve en
mesure de prouver cette naissance : aussi le
mot « né » est-il souvent employé chez les
Noirs avec le sens de « noble ». Comme chez
nous, ceux qui ne sont pas « nés » sont
placés théoriquement au bas de la société ;
mais, comme chez nous aussi, ils peuvent,
dans la pratique, prendre le pas sur les
nobles, s'ils ont du savoir-faire, des connais-
sances spéciales, de la fortune ou simplement de la chance. En fait, la plupart des
conseillers influents des grands chefs sont
des prolétaires. De plus, en raison de la
suppression de l'esclavage par les nations européennes aujourd'hui maîtresses de l'Afrique et en raison de la tolérance avec laquelle
les familles nobles laissent leurs serfs porter
le nom de clan de leurs maîtres, il est très
difficile de distinguer ceux qui sont vrai-

ment nobles de ceux qui ne le sont pas. C'est le pouvoir et la richesse, celle-ci procurant celui-là, qui, de plus en plus, se substituent à la noblesse d'origine, et, chez les peuples négro-africains les plus évolués, les distinctions sociales proprement dites tendent à faire place à une simple distinction, d'ailleurs fort malaisée à délimiter, entre les riches et les pauvres.

Toutefois, chez ces mêmes populations particulièrement évoluées et souvent aussi, quoique à un moindre degré, chez les autres, on reconnaît assez facilement les descendants des anciennes familles à leurs manières plus distinguées, à leur meilleure éducation. Les Noirs réputés les plus sauvages sont en général très stricts en matière d'étiquette et de politesse et, lorsqu'on voit un homme ne point se conformer exactement aux usages reçus, couper la parole à une personne âgée, ne pas inviter un visiteur à s'asseoir ou ne pas s'informer du but de sa visite, négliger — s'il est vêtu d'un pagne — de se découvrir le torse quand il s'adresse à un supérieur, abréger la série compliquée des salutations, bref, manquer, en quelque manière que ce soit, de savoir-vivre, on dit de lui : « Il n'a pas été amolli », c'est-à-dire « il n'est pas policé », mais on dit aussi : « Ce n'est pas un homme bon », dans le sens où un Anglais dirait : « Ce n'est pas un *gentleman* ».

Mais ce ne sont là que des distinctions assez subtiles et dans lesquelles l'appréciation portée par les individus sur les individus joue un rôle prépondérant. Il en est tout autrement des distinctions sociales collectives basées sur le régime des castes.

Les castes. — La plupart des populations négro-africaines divisent la société en deux catégories : au sommet de l'échelle se placent tous ceux qui n'appartiennent pas aux castes dites professionnelles ; au bas de l'échelle sont relégués les artistes et les artisans, répartis eux-mêmes en castes nombreuses, étanches et hiérarchisées.

Ce n'est pas le travail en lui-même qui avilit ; la nature du travail effectué intervient pour une large part. Le travail de la terre est le plus noble de tous, sans doute parce qu'il implique une alliance directe avec la divinité du sol.

Immédiatement après le travail des champs se rangent les occupations telles que l'élevage, la chasse, la pêche, la cueillette des produits spontanés du sol, la construction des maisons, la navigation, le commerce, l'extraction de l'or, la préparation de la bière, de l'huile, du savon. Chez certains peuples, on assimile à cette catégorie des occupations même professionnelles, d'introduction relativement récente, comme le filage et le tissage du coton ou de la laine, la confection des vêtements, l'art de la broderie, la teinturerie, en un mot tout ce qui touche à l'industrie des textiles et de l'habillement ; chez certains autres, ces mêmes occupations sont réservées à des castes spéciales, ainsi que la profession de maçon.

Mais partout, c'est dans l'une ou l'autre des castes mises, en quelque sorte, au ban de la société, que se classent les conteurs, les poètes, les mimes, les chanteurs, les musiciens (c'est-à-dire les artistes), et les charbonniers, les forgerons, les bijoutiers, les potiers, les menuisiers, les vanniers, les cordonniers (c'est-à-dire les travailleurs en métaux, en argile, en bois et en cuir).

D'autre part, il est à noter que ce n'est pas le fait de se livrer individuellement à tel ou tel genre de travail qui anoblit ou avilit, mais bien le fait d'appartenir, par sa naissance, à une collectivité qui, dans l'ensemble mais non nécessairement en totalité, exerce héréditairement telle ou telle profession. Un agriculteur de naissance peut, par goût personnel, se mettre à travailler le fer : il ne sera pas, pour cela, introduit dans la caste des forgerons et ne perdra point l'honorable réputation qu'il a héritée de ses ascendants. Inversement, un homme né dans la caste des forgerons peut n'avoir jamais travaillé le fer et se livrer exclusivement à l'agriculture : cela ne l'empêchera point d'être condamné à demeurer dans la caste des forgerons et de continuer à subir le mépris dont cette caste est l'objet. On naît hors des castes ou l'on naît dans la catégorie divisées en castes, et rien ne peut faire, dans ce dernier cas, que l'on en sorte.

Par contre, un individu de la catégorie non castée peut être incorporé dans l'autre catégorie, et un individu d'une caste donnée peut la quitter pour entrer dans une autre caste, à condition que celle-ci soit estimée inférieure à la première. Cela se produit lorsqu'un homme non casté épouse une femme de caste, ou lorsqu'un homme casté épouse une femme appartenant à une caste inférieure ; le cas est le même pour une femme non castée, ou de caste supérieure, qui épouserait un homme casté, ou de caste inférieure. En un mot, par l'effet du mariage, on peut descendre, mais on ne peut pas s'élever. Il est remarquable que cette conséquence d'ordre matrimonial se trouve exclusivement limitée aux cas où la question de caste est en jeu : au temps de l'esclavage, le mariage d'un homme libre avec une femme esclave ou d'une femme libre avec un esclave avait pour résultat de faire passer l'esclave à la condition libre.

Les gens de castes sont méprisés, non point en raison du métier qu'ils exercent — ou n'exercent pas —, mais en raison du fait qu'ils sont nés dans une caste. Chez les Mandingues, on marque ce mépris en les appelant *niama-kala*, ce qui signifie « brin de fumier ». Toutefois, ce mépris n'empêche pas de les considérer, de les redouter et de leur accorder de nombreux privilèges. On les considère, parce qu'ils sont nécessaires à la vie de la société, qui, sans eux, n'aurait ni plaisirs, ni outils, ni armes, ni ustensiles de ménage, ni parures, ni chaussures, ni vêtements parfois, là où les tisserands sont castés. On les redoute, parce qu'ils possèdent des secrets ignorés de la masse et qu'on attribue la possession de ces secrets à leurs relations avec des divinités inconnues du vulgaire : aussi est-ce chez eux que se recrutent la plupart des magiciens, guérisseurs, diseurs de choses cachées, « féticheurs », etc. On les traite avec faveur, parce qu'on se rend compte de leur habileté dans les choses de l'esprit comme dans celles de la matière : aussi est-ce à eux que l'on a recours pour négocier les mariages ou les traités de paix et pour assister les princes en qualité de ministres.

Le nombre et la répartition des castes varient selon les peuples et les régions. Les artistes — que nous appelons « griots » — se divisent en plusieurs castes diversement appréciées ou dépréciées, depuis celle des

annalistes, qui conservent dans leur mémoire
et transmettent à leurs descendants les hauts
faits des rois et la généalogie des familles nobles, ou des traditionnistes, qui connaissent
par cœur la coutume ayant force de loi dans
le pays, véritables dictionnaires vivants d'histoire ou de droit, jusqu'à celle des beaux
parleurs sans vergogne qui chantent les
louanges de qui se montre généreux à leur
endroit et insultent grossièrement les personnages mieux disposés à les payer pour les
faire taire que pour les faire parler, en passant par les multiples castes de bardes, trou-
vères, chanteurs, conteurs, baladins, mimes,
danseurs spécialisés, musiciens, etc. Quant
aux artisans, ils constituent en général trois
grandes castes distinctes : celle des travailleurs des métaux, de la pierre et de l'argile,
dits « forgerons», dans laquelle les hommes
font le charbon de bois, extraient le fer du
minerai par la méthode dite catalane et le
transforment en armes ou en outils, fabri-
quent des objets et des anneaux de cuivre ou
de bronze, des bijoux d'or et d'argent, des
statues et des ornements ou ustensiles en
pierre ou en argile, tandis que les femmes
confectionnent des poteries ; celle des travailleurs du bois, constructeurs et réparateurs
de pirogues, raccommodeurs de calebasses,
menuisiers, sculpteurs sur bois, vanniers,
etc. ; enfin celle des travailleurs du cuir, dits

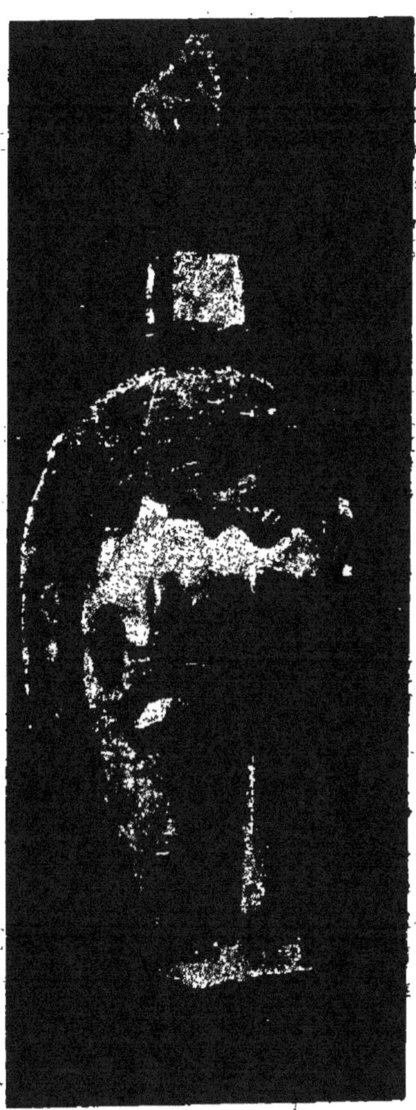

Fig. 7 — Masque sacré.

« cordonniers », qui tannent les peaux et en confectionnent des étuis, des sacoches, des fourreaux, des selles, des harnais, des chaussures. Souvent, chacune de ces trois castes est subdivisée en plusieurs castes secondaires, plus étroitement spécialisées.

Classes d'âge. — Chez tous les peuples négro-africains de religion animiste et même dans beaucoup de populations islamisées, l'entrée de l'enfant dans la société est subordonnée à l'accomplissement de rites, dont le détail varie selon les peuplades, mais dont le fond présente partout le même caractère essentiel et comporte une série d'étapes graduées, analogues à celles qui se terminent, chez les peuples chrétiens, par le baptême, la première communion et la confirmation. Dans l'Afrique noire, les trois étapes successives sont marquées par l'imposition du nom, la mutilation et l'initiation définitive.

L'imposition du nom a lieu généralement à la fin de la première semaine qui suit le jour de la naissance. Le plus souvent, elle ne donne lieu à aucune cérémonie solennelle et comporte simplement la proclamation, par le chef de famille ou l'un de ses représentants, du nom que portera officiellement l'enfant. Ce nom n'est pas nécessairement celui qui sera employé d'habitude. En fait, dès l'accouchement terminé, la mère a donné à son enfant un nom, qui est motivé, en général, soit par son rang de naissance, soit par le jour auquel il est venu au monde. Le père peut en proposer un autre, qui est fréquemment celui d'un parent défunt que l'on veut, en quelque manière, faire revivre dans le nouveau-né, ou celui d'un personnage notable, mort ou vivant, que l'on désire ainsi honorer. C'est souvent le nom donné par la mère qui devient le nom officiel dans les familles à filiation utérine, et le nom choisi par le père dans les familles à filiation masculine. Mais, quand le nom officiel se trouve être déjà celui du père ou de la mère, d'un oncle ou d'une tante, d'un frère ou d'une sœur, il est d'usage de lui substituer un terme considéré comme synonyme, ou bien une expression qui signifie « homonyme du père, homonyme de la mère, etc. », ou encore un *surnom* tiré de l'aspect extérieur de l'enfant, de son teint ou de toute autre circonstance, ou enfin le nom choisi par celui des deux auteurs qui n'était pas pas qualifié pour faire prévaloir son choix. Fréquemment aussi, cette substitution est opérée parce qu'un devin a prédit que le malheur tomberait sur l'enfant si on l'appelait de son nom officiel et, alors, le nom substitué est souvent celui d'une divinité dont on désire assurer la protection à l'enfant.

Quelquefois, l'imposition du nom est accompagnée de scarifications faites sur la figure de l'enfant et destinées à marquer, en quelque sorte, sa nationalité. Mais, outre que ces scarifications ethniques ne sont pas en usage chez tous les peuples négro-africains, elles sont souvent reportées, dans les peuplades qui les pratiquent, à un âge plus avancé et l'on se contente alors, au moment de l'imposition du nom, d'une marque extérieure et provisoire, telle qu'un anneau de peau ou de fibres passé à l'une des jambes, un objet attaché au cou à l'aide d'une ficelle, etc.

Lorsque l'enfant commence à raisonner, le père, s'il s'agit d'un garçon, l'emmène aux champs ou à son travail et lui enseigne les rudiments du métier qu'il aura à exercer plus tard ; la mère, s'il s'agit d'une fille, l'initie aux soins du ménage et aux besognes féminines.

Quand approche l'âge de la puberté, les enfants de chaque sexe d'un même village — ou d'un même quartier dans un centre quelque peu étendu — prennent l'habitude de se réunir ensemble pour jouer et élisent parmi eux un chef de jeu, assisté souvent d'un chef adjoint et d'un héraut, ce dernier chargé de convoquer les joueurs et de leur répéter les règles du jeu ; c'est la première manifestation de la « classe d'âge » : ceux qui devront former une sorte d'association

de camaraderie pour toute la durée de leur
vie, garçons d'un côté, filles de l'autre, ap-
prennent à se connaître et s'exercent, tout
en s'amusant, à observer la discipline et la
solidarité nécessaires au bon fonctionnement
de toute association.

Cette période préparatoire se termine, lors
de l'apparition de la puberté, c'est-à-dire
vers l'âge de dix à douze ans, par une retraite
à laquelle sont soumis séparément garçons
et filles, dans des bois voisins du village.
Cette retraite comporte des épreuves, destinées à aguerrir les enfants contre la peur et
la souffrance, et un enseignement qui a trait
aux croyances religieuses, aux devoirs familiaux et sociaux, au rôle conjugal et paternel ou maternel qu'auront à jouer les futurs hommes ou femmes. Les exercices de la
retraite durent en général une semaine, à
l'expiration de laquelle on procède à l'accomplissement du rite marquant le passage de
l'enfance à la jeunesse et l'entrée de l'adolescent dans la société. Ce rite consiste essentiellement en une mutilation, qui est souvent la circoncision pour les garçons et plus
souvent encore l'excision du clytoris pour les
filles, mais qui peut revêtir beaucoup d'autres formes, par exemple des incisions faites
sur le front ou sur la nuque ou ailleurs, ou
bien l'extraction d'une ou deux incisives, ou
bien l'appointissement de certaines dents,

o . bien l'ablation de la phalange terminale d'un orteil, etc. Chaque peuplade possède sa tradition à cet égard. Souvent la cérémonie de la mutilation s'accompagne de l'imposition d'un nouveau nom, destiné à remplacer désormais le nom reçu lors de la naissance.

Ceux qui, avant la mutilation, avaient formé une sorte d'association enfantine, continuent ensuite à constituer ensemble la même « classe d'âge » ; mais la nature de leurs préoccupations s'est modifiée et, au lieu de ne penser qu'à des jeux, ils devisent d'amourettes, pratiquent la lutte à mains plates et font assaut d'énigmes.

Si l'éducation collective des filles n'est généralement pas poussée au delà de l'enseignement qui a précédé la mutilation, les garçons, eux, ne sont pas au bout de leurs efforts. En vue de les préparer à l'initiation définitive qui les associera pleinement à la vie des adultes, on leur impose chaque année, au moment où la saison sèche interrompt les travaux des champs, une retraite de quatre à sept semaines dans un bois ou un lieu écarté, durant laquelle on les soumet à des épreuves de plus en plus dures et à un enseignement de plus en plus étendu. Ce dernier porte en majeure partie sur les légendes religieuses, les traditions historiques et les lois coutumières qui ont cours dans le pays. Souvent, on leur apprend à se servir

d'une langue conventionnelle spéciale pour
chaque « classe d'âge » et dont ils useront
entre eux lorsqu'ils ne voudront pas être
compris des classes plus jeunes ou plus
âgées. Chaque année, à la fin de la période
d'épreuves et d'enseignement, ils montent
d'un degré dans l'échelle de l'initiation, et,
lorsque le cycle des études est terminé, c'est-
à-dire vers l'âge de 15 à 18 ans, ils reçoivent,
au cours d'une cérémonie particulière, la li-
cence de se conduire effectivement en hommes. Définitivement initiés à la vie sociale de
la collectivité, ils font alors partie de celle-
ci au même titre que les générations d'adultes et de vieillards.

Chaque « classe d'âge » se trouve ainsi
avoir joué, vécu et étudié en commun durant six à neuf ans de suite. Les épreuves su-
bies ensemble, le fait d'avoir été soumis au
même enseignement, de se servir entre soi
d'un langage spécial incompris des autres,
tout cela ne peut évidemment que resserrer
des liens que rend d'ailleurs plus naturels la
similitude de l'âge. Aussi l'association for-
mée dès l'enfance, et consolidée par l'éducation reçue au cours de l'adolescence, a des
racines profondes et durables. Elle continue
à fonctionner, chaque membre prêtant aux
autres l'assistance que réclament ceux-ci et
tous ensemble se soutenant à chaque occasion.
Il est à noter que les distinctions sociales sont

virtuellement abolies à l'intérieur de chaque « classe d'âge », les prolétaires s'y trouvant sur le pied d'égalité avec les nobles, les
gens de caste avec les gens non castés, au

Fig. 8. — Masques et costumes d'initiation
chez les Bapendé (Congo Belge).

moins tant que les intérêts communs de l'association sont en jeu.

Il y a naturellement, dans chaque localité,
autant de « classes d'âge » de chaque sexe

qu'il existe de générations, ou à peu près.
L'esprit de corps détermine entre elles une
émulation qui se traduit de diverses manières. Le hasard faisant que certaine génération possède plus de cerveaux bien organi-
sés, ou des orateurs plus éloquents, que les
autres, c'est l'avis de celle-là qui finira par
l'emporter lorsqu'une décision est à prendre par l'ensemble. Cette curieuse institution contribue à développer chez les Noirs
tout à la fois l'esprit de solidarité et le tempérament combatif ; elle donne à la vie des sociétés négro-africaines une intensité et un
intérêt généralement insoupçonnés des Européens.

Souvent, il est vrai, lors des discussions
entre « classes d'âge », c'est la fougue irré-
fléchie des jeunes qui l'emporte sur la sa-
gesse expérimentée des vieux, car chaque
« classe » se raréfie au fur et à mesure qu'elle avance en âge et les jeunes « classes » ar-
rivent facilement à détenir la puissance que
donne le nombre.

CHAPITRE IV

Organisation politique

Les divers Etats. — Les circonstances ont fréquemment condamné les populations négro-africaines à n'avoir qu'un embryon d'organisation politique. Il n'en faudrait pas déduire que l'anarchie soit chez elles la norme. Ce que nous savons de leur histoire dans les siècles passés et ce que nous sommes à même d'observer aujourd'hui nous permettent d'affirmer qu'elles sont capables de concevoir et de réaliser des gouvernements dignes de ce nom, chaque fois que les faits s'y prêtent.

En réalité, on rencontre dans l'Afrique noire toute une série d'Etats, allant de la simple famille isolée à des fédérations de royaumes constituant chacune un empire.

Il arrive assez souvent qu'un territoire, relativement peu étendu, se trouve morcelé entre un nombre plus ou moins considérable de familles distinctes, appartenant à des clans divers, et que ces familles n'ont point entrevu l'avantage de s'unir les unes aux autres ou n'en ont pas eu la possibilité. Chacune d'elles constitue alors un véritable Etat indépendant, Etat infime, réduit parfois à une centaine 'de citoyens et ne comportant qu'un village unique, voire un misérable hameau. Cette situation, assurément très défavorable au progrès de la civilisation, se traduit par une sauvagerie plus ou moins intense et des mœurs souvent barbares ; elle a fait dire des populations chez lesquelles on la constate qu'elles sont individualistes à l'excès. Le mot n'est exact que si l'on entend par individu l'unité que constitue la cellule familiale. En fait, ces sociétés réparties en autant d'Etats que de familles, que l'on observe dans certaines régions de la Volta Noire, de l'Ogòoué et d'ailleurs, sont aussi éminemment collectivistes que les autres sociétés négro-africaines ; seulement les collectivités y sont numériquement réduites, demeurent repliées sur elles-mêmes et ne cessent de s'ignorer les unes les autres que pour se combattre. Par ailleurs, l' « Etat-famille » est, de toutes les organisations politiques de l'Afrique noire, la plus solide, du fait que l'autorité de son chef est incontestée, que les administrés de ce chef sont de son sang et qu'ils se trouvent rassemblés autour de lui sur le même point géographique.

Lorsque les circonstances ont conduit une famille à essaimer autour d'elle un nombre

appréciable de ses fractions et à peupler
ainsi tout une contrée avec des gens de même descendance, les différents villages habi-
tés par ces gens forment ensemble un Etat
de quelque étendue, remarquablement homogène, qui est constitué par un clan unique
ou tout au moins par une portion notable
d'un clan. Le patriarche de la famille fondée
la première est le chef naturel de cet « Etat-
clan », qui commence à faire figure et à pouvoir jouer un rôle.

Une autre étape se trouve franchie quand
des familles appartenant à des clans différents, mais ayant la même origine ethnique
et parlant le même dialecte, ont consenti à
se grouper sous l'autorité, plus ou moins ef-
fective, de l'un des clans. On a alors, selon
que ces familles de clans différents sont réu-
nies dans une même localité ou dispersées
à travers une province, l' « Etat-village » ou
l' « Etat-tribu », dont la direction est attri-
buée à une sorte de conseil des anciens, composé des patriarches des diverses familles et
présidé par l'un d'eux ; ce dernier est habituellement le chef du clan auquel des circonstances spéciales, par exemple les services rendus lors d'une agression venue de
l'extérieur, ont fait donner la prééminence.
Un tel Etat offre déjà plus d'analogie avec
les organismes que nous décorons communément de ce nom, mais son fonctionnement

est en général moins parfait que celui de
l'Etat-famille et de l'Etat-clan, en raison de
la dissemblance des cellules dont il représente le total et, par suite, en raison de l'autorité moins absolue de son chef : celui-ci
n'est, le plus souvent, que l'exécuteur des
volontés de la majorité et a contre lui l'op-
position d'une minorité, variable dans son
chiffre comme dans ses éléments.

La plupart du temps, c'est le stade supérieur, que nous appelons usuellement
l' « Etat-canton », qui domine dans l'Afrique noire. C'est en réalité un petit royaume,
dont l'unité est d'ordre géographique plutôt
qu'ethnique. Il est composé de plusieurs
Etats-villages ou Etats-tribus, réunis sous
l'autorité d'un chef supérieur qui est le patriarche de la plus ancienne famille du pays
ou, très souvent, d'une famille étrangère
ayant acquis, par voie de conquête, l'exer-
cice du pouvoir.

Grâce à des guerres heureuses ou à une politique habile, le chef d'un canton parvient
fréquemment à étendre son autorité sur plusieurs cantons voisins, tantôt de même souche ethnique que le sien propre, tantôt peu-
plés de tribus d'origines diverses et parlant
des idiomes différents : l'unité politique ainsi
élargie devient le « royaume » à proprement
parler.

Enfin, soit à la suite d'une conquête, soit

par le libre accord des parties, plusieurs
royaumes peuvent constituer une sorte de
fédération, dans laquelle chacun conserve
son autonomie intérieure et son propre gouvernement, sous la suzeraineté du chef de
la fédération. Il arrive aussi que des gouverneurs, désignés par le chef suprême, sont
substitués aux anciens rois. Dans l'un et
l'autre cas, on a un « empire », tel que les
anciens empires qui ont fleuri autrefois dans
diverses régions de l'Afrique noire (Ghâna
jusqu'à la fin du XIe siècle, Mali du XIIIe au
XVe, Gao au XVIe, Congo du XVe au XVIIIe, etc.)
ou que ceux qui existent encore aujourd'hui
au pays des Mossi et y fonctionnent depuis
environ huit cents ans.

Quel que soit le degré atteint par les institutions politiques des Négro-Africains et
quelque aspect que présente la civilisation
de leurs divers États, l'organisation et le
fonctionnement de ceux-ci offrent partout et
toujours les mêmes caractéristiques essentielles. Il est remarquable de constater combien les indications, données au XIe siècle
par El-Bekri sur l'empire de Ghâna, au XIVe
par Ibn Batouta sur l'empire du Mali, aux
XVIe et XVIIe siècles par les chroniqueurs de
Tombouctou sur l'empire de Gao, correspondent avec ce que nous savons par ailleurs de l'ancien empire du Congo, des anciens royaumes bambara de Ségou et du

Kaarta, des anciens États de Coumassie et
d'Abomey, des royaumes et empires actuels
du Djolof, de l'Abron, d'Abéokouta, du Ba-
guirmi, de l'Ouganda, des Mossi, etc., comme aussi avec les usages observés dans les
innombrables États-cantons du Soudan, de
la Guinée, de l'Afrique centrale, orientale et
méridionale, et même, toutes proportions
gardées, dans les modestes États-tribus ou
États-villages.

L'autorité royale. — En général, le pouvoir se transmet, pour chaque État, dans une
famille donnée, — le cas de révolution mis
à part, — mais il n'est pas héréditaire à
proprement parler, en ce sens que ce n'est
pas nécessairement l'héritier naturel et direct du chef défunt qui succède à celui-ci.
A côté de la famille qui a le privilège de
fournir le roi, il en existe le plus souvent
deux autres, dont l'une fournit le ou les élec
teurs du roi et l'autre le ou les intronisateurs. Le choix des électeurs ne peut s'exercer que dans la limite des membres de la
famille royale, mais, sous cette réserve, et
compte tenu de l'opinion publique exprimée
par les anciens, ce choix s'opère librement ;
il faut, d'autre part, que le successeur du roi
défunt ait été désigné par le ou les électeurs
pour être investi de l'autorité. En outre, il
ne peut remplir les fonctions royales que

s'il a été intronisé régulièrement, selon des rites consacrés, par le ou les personnages que la coutume a préposés à l'accomplissement de cette indispensable formalité.

Non seulement les intronisateurs et les électeurs détiennent la faculté de faire ou ne pas faire les rois, mais ils possèdent aussi celle de les défaire, en sorte que leur influence est considérable et qu'elle suffirait, à elle seule, à constituer un important contrepoids aux velléités de tyrannie et à l'omnipotence du souverain.

L'autorité de ce dernier est encore contrebalancée par l'obligation, que lui impose l'usage, d'en déléguer une partie à des ministres, dont chacun a des attributions définies, et qu'il n'est pas toujours maître de nommer ou révoquer à son gré, la coutume conférant le plus souvent chaque charge ministérielle à une famille déterminée, aussi bien que la dignité royale et que la fonction d'électeur ou d'intronisateur.

De plus, auprès du roi fonctionne une sorte de parlement, composé des ministres et dignitaires désignés héréditairement dans les conditions exposées ci-dessus, ainsi que des patriarches de certaines familles.

Nous sommes donc bien éloignés du système de monarchie absolue dont on est parfois enclin à supposer l'existence en pays noir.

Il convient en outre de ne pas oublier un détail qui a son importance : si le roi n'appartient pas à la famille des premiers occupants du sol, ce qui arrive fatalement lorsqu'il descend d'une famille conquérante, il n'a aucun droit sur le sol même de son royaume ; disposât-il de la vie et de la mort de ses sujets, il est contraint, chaque fois que la terre est en jeu, de s'incliner devant l'autorité du patriarche de la collectivité issue des premiers occupants, ce patriarche fût-il le plus pauvre hère du royaume et le plus humble des vaincus. Les grands conquérants musulmans eux-mêmes, tels qu'El-Hâdj Omar et Samori, ont toujours respecté cette coutume et n'ont jamais songé à s'arroger aucun droit sur le sol qu'ils avaient occupé, mais vis-à-vis duquel ils ne se reconnaissaient pas la faculté de disposition. Au reste, même si le roi appartient à une famille autochtone, il ne possède que l'administration du lopin de terre qui constitue le domaine propre de cette famille, et, pour les autres parcelles, il doit s'adresser aux chefs des autres familles autochtones.

C'est en raison de cette coutume que, dans toutes les collectivités négro-africaines comprenant plusieurs familles de souches diverses, notamment dans les villages dont les habitants n'appartiennent pas tous à un même clan et dans lesquels le pouvoir est dé-

Fig. 9. — Hommes de la tribu des Koniagui.
(Guinée Française).

tenu par un clan d'origine extérieure, il existe, à côté du chef politique, un « maître du
sol » ou « chef de terre », qui n'a aucune
autorité en matière politique, mais qui, seul,
a qualité pour administrer la terre, procéder
au lotissement du sol et régler toutes les
questions foncières, de même qu'il a seul
qualité pour exercer les fonctions sacerdotales et invoquer utilement les esprits divinisés
de la nature.

CHAPITRE V

Régime des biens

La propriété. — Les Noirs ont de la propriété une conception analogue à la nôtre. Mais l'idée spéciale qu'ils se font de l'origine de la propriété, corroborée par leurs croyances religieuses, fait qu'ils n'admettent pas que des droits de propriété réelle puissent s'acquérir ni s'exercer sur le sol.

(Pour eux, l'origine première de la propriété, appliquée à un objet quelconque, réside essentiellement et exclusivement dans le travail, ou dans l'opération assimilable à un travail, qui a produit l'objet ou l'a fait acquérir. Tout naturellement, l'auteur du travail est le propriétaire de l'objet : si le travail a été fait collectivement, la propriété est collective ; s'il est l'œuvre d'un seul individu, la propriété est individuelle. Ainsi le menuisier est propriétaire du tabouret qu'il a fabriqué, l'agriculteur est propriétaire du mil qu'il a fait pousser, sa femme est propriétaire du riz qu'elle a cultivé par ses propres moyens, la famille est collectivement propriétaire des grains qu'elle a récoltés en commun ou de l'habitation qu'elle a construite avec le concours de l'ensemble de ses membres. Au temps de l'esclavage, c'était la capture de l'esclave qui engendrait chez le capteur le droit de propriété sur cet esclave.

Une fois acquis de la sorte, le droit de propriété peut s'exercer dans toute sa plénitude, et c'est ainsi que le propriétaire d'un objet peut le donner à qui bon lui semble, le vendre ou le transmettre en héritage, transférant avec l'objet lui-même les droits qui y sont attachés, en sorte que le donataire, l'acheteur ou l'héritier devient à son tour propriétaire au même titre que l'auteur du travail primitif.

Rien de pareil ne peut se présenter quand il s'agit de la terre : nul homme, nulle collectivité humaine ne l'a fabriquée, même à l'origine ; elle ne saurait passer pour être le fruit d'aucun travail humain. En fait, elle est considérée comme une divinité. Elle s'appartient à elle-même et, par conséquent, n'appartient à personne. De par sa nature, elle ne peut même pas se donner véritablement ; elle ne peut pas non plus être prise, car, comme le dit un proverbe de la Côte d'Ivoire : « Ce n'est pas l'homme qui possède la terre, c'est la terre qui possède l'homme ».

Aussi nul individu, fût-il le plus grand roi du monde, nulle collectivité, fût-elle maîtresse de tout le genre humain, ne peut exercer ni acquérir sur la moindre parcelle du sol un droit de propriété tréelle.

Le régime foncier. — Ce n'est pas à dire que la terre ne puisse être grevée d'aucune sorte de droit. En fait, s'il y a beaucoup de terres vacantes dans l'Afrique intertropicale, en ce sens qu'on y rencontre bien des surfaces inoccupées et inutilisées, il n'y existe pas une seule parcelle de terrain utilisable qui soit sans maître, aux yeux des indigènes. Mais aucun de ces maîtres n'est propriétaire, dans l'acception ordinaire de ce mot. Tous sont seulement des usufruitiers, qui ne peuvent aliéner un sol dont ils ont le droit d'user, sans avoir celui de le céder.

Dans l'espèce, les détenteurs de ce droit restreint sont uniquement des collectivités et ils ne sauraient être des individus, sauf dans quelques régions où l'influence musulmane est venue modifier la loi coutumière. Le terme de « maître du sol », souvent appliqué au patriarche, administrateur du domaine familial, ne doit pas être entendu au sens de propriétaire du sol ni à celui de détenteur individuel d'un droit qui est collectif.

Voici comment, dans la pratique, les choses se sont passées à l'origine, et comment elles se passent de nos jours.

Au début, l'ancêtre, en quête d'un terrain où fonder sa famille, vivant provisoirement du produit de sa chasse, trouva un jour un emplacement vacant qui lui parut propice à un établissement agricole. Ayant fait un sacrifice à la divinité du lieu, c'est-à-dire à l'âme de la parcelle de terre qu'il désirait occuper, il passa avec celle-ci une sorte de contrat qui assurait, à lui et à ses descendants présents et futurs, jusqu'à la consommation des siècles à venir, le droit et le privilège d'occuper cette parcelle, d'en récolter les produits naturels, de la cultiver, d'en disposer dans l'intérêt commun de la famille, à condition de ne céder à aucune autre collectivité ni à un individu quelconque, de quelque manière que ce soit, ce droit et ce privilège, et d'en renouveler la consécration chaque année, avant de porter sur le sol le fer de la houe servant aux labours, par un sacrifice solennel analogue au premier. Ainsi fut acquis, au bénéfice de chaque famille, le monopole incessible et insaisissable de l'usufruit — mais non de la propriété — d'une parcelle de terre déterminée.

Lorsque la famille se fut accrue au point que cette parcelle devint insuffisante pour ses besoins, le patriarche, successeur de l'ancêtre, obtint, à l'aide d'un nouveau sacri-

fice suivi d'un nouveau contrat, la jouissance, dans les mêmes conditions, d'un
lopin supplémentaire contigu au premier.
Ou bien une fraction de la famille se sépara
du noyau initial et alla, comme avait fait
autrefois l'ancêtre, à la recherche d'un autre
emplacement disponible, sur lequel elle
obtint, de la même manière, le même droit
et le même privilège. Et il en fut ainsi jusqu'à ce que, la superficie entière du sol
s'étant trouvée répartie de la sorte entre les
diverses collectivités, il ne fut plus possible
à aucune de celles-ci d'agrandir son lot ou
d'en acquérir un autre.

Alors, quand une famille se trouva à
l'étroit sur sa terre, une partie de ses membres alla demander l'hospitalité à une autre
famille de même clan, que les circonstances
avaient favorisée d'un territoire plus vaste
que ses besoins. Cette dernière accueillit les
parents qui venaient à elle, les incorpora
dans son sein et partagea avec eux le sol
familial. Il en est encore ainsi journellement à notre époque.

Cependant, il peut arriver — et il arrive
effectivement — qu'aucune famille du clan
ne soit en mesure d'hospitaliser des parents
démunis de terre cultivable. Dans ce cas, les
gens en quête de terrain vont trouver une
collectivité appartenant à un autre clan, parfois à une autre tribu, et lui demandent

l'autorisation de s'installer à côté d'elle, sur une partie de son sol demeurée vacante. L'autorisation n'est que bien rarement refusée, mais elle comporte deux formalités indispensables : d'abord la reconnaissance, par les nouveaux arrivants, de la suprématie politique et de la prééminence sociale des premiers occupants, dont les nouveaux venus se constituent, en quelque sorte, les vassaux ou les feudataires ; ensuite le consentement de la terre elle-même, qui est sollicité par le patriarche de la famille déjà installée, et qui n'est accordé qu'à condition que le droit et le privilège de cette famille demeurent intacts. Parfois, le caractère précaire de la situation faite aux nouveaux arrivants est affirmé par l'obligation qu'on leur impose, ainsi qu'à leurs descendants, de remettre chaque année à la famille première occupante une partie de leurs propres récoltes.

Bien entendu, j'écarte l'hypothèse de l'emploi de la violence, laquelle prime le droit dans tous les pays du monde, mais ne l'annihile point. Si les nouveaux arrivants ont procédé par voie de conquête et occupé de force le territoire qu'ils convoitaient, la première formalité est naturellement laissée de côté ; mais la seconde est remplie quand même, et nous avons vu que les privilèges fonciers des anciens détenteurs du sol sont respectés par les conquérants. Sans quoi ces derniers seraient persuadés qu'il y aurait sacrilège de leur part et que la terre, offensée dans sa majesté divine, se vengerait en refusant de produire.

Il est également possible, à un particulier, indigène ou étranger, d'obtenir le droit d'user, à son profit personnel, d'une parcelle déterminée de la terre constituant le lot d'une collectivité. Mais l'autorisation qui lui est donnée ne l'est en principe qu'à titre révocable et temporaire, bien qu'en fait elle le soit généralement pour une durée indéfinie. Elle n'est accordée en tout cas qu'avec l'agrément de la divinité et après un sacrifice offert par le patriarche, la victime du sacrifice étant fournie par l'impétrant. Jamais elle ne peut comporter, au bénéfice de celui-ci, la faculté de céder, à titre gratuit ou onéreux, le droit qu'il a acquis ; s'il cesse d'user de la parcelle dont la jouissance lui a été abandonnée, elle fait retour au domaine collectif.

Le patriarche, nous l'avons vu, est chargé de l'administration du sol de sa collectivité. Ses fonctions, en cette matière, consistent à procéder aux sacrifices annuels et à tous les rites saisonniers du culte agraire, car il est le seul intermédiaire possible entre l'âme divinisée de la terre et les hommes qui cultivent le sol ; à effectuer chaque année le lotissement du domaine familial entre les diverses fractions de la famille et, éventuellement, les étrangers hospitalisés sur son territoire ; à déterminer quelles sont les parcelles qu'il convient de laisser provisoirement en jachères et celles dont il y a intérêt à constituer une manière de domaine banal, sur lequel tous les membres de la collectivité et ses hôtes pourront récolter les produits spontanés (herbe, plantes alimentaires ou médicinales, bois de chauffage et de construction, graines oléagineuses, matières premières destinées à l'industrie, etc.), ou se livrer à la chasse dans les conditions réglées par la coutume locale, ou encore procéder à l'extraction de l'argile et des minerais. C'est aussi le « maître du sol » qui accorde les autorisations d'établissement sollicitées collectivement ou individuellement par des autochtones ou des étrangers, qui donne les permis de bâtir, qui, en un mot, a à intervenir chaque fois qu'il est question de toucher à la terre.

Le travail agricole peut être fait en commun par l'ensemble de la collectivité détentrice d'une parcelle du sol, mais il peut aussi être exécuté individuellement. Le lotissement fait tous les ans par le patriarche est effectué en conséquence. Généralement, la terre familiale cultivable est partagée entre les différents ménages ou foyers secondaires, chaque

chef de ménage ou de foyer secondaire pou
vant laisser son lot indivis ou le répartir à
son tour entre les divers individus de l'un et
de l'autre sexe dont l'ensemble constitue son
ménage ou foyer. Pour certaines cultures, il
est d'usage qu'hommes, femmes et enfants
travaillent au même champ, ensemble ou séparément, selon la nature et les exigences de
la besogne à accomplir ; d'autres sont réservées à l'un des deux sexes.

On assimile à la terre elle-même, au point
de vue du régime foncier, ce qui vit, pousse
ou se trouve naturellement à sa surface ou
dans son sein : animaux sauvages, végétaux,
minéraux. On y assimile également l'eau des
fleuves, rivières, lacs ou étangs, ainsi que les
poissons et autres êtres qu'elle renferme.

En principe, la famille détentrice des droits
d'usage et de jouissance d'une parcelle de
terre ou d'eau a seule le droit de chasser ou
pêcher sur cette parcelle, de s'y livrer à la
cueillette des produits spontanés du sol ou à
l'extraction des minéraux quelconques. Toutefois, on laisse d'habitude les gens appartenant à d'autres familles, fussent-ils des étrangers, libres de chasser ou pêcher individuellement sur les étendues banales du domaine familial, à condition qu'ils ne se servent pas
de chiens ou de pièges pour la chasse, de fi-
lets, de nasses ou d'herbes stupéfiantes pour
la pêche, qu'ils ne mettent pas le feu à la

brousse et n'installent pas de barrages sur les rivières, toutes opérations qui donnent à la chasse ou à la pêche un caractère industriel et ne sont licites que pour la collectivité détentrice des droits fonciers, ou pour les collectivités qu'elle peut inviter à participer aux grandes chasses ou pêches organisées par elle. De plus, le chasseur qui a tué une grosse pièce de gibier sur un terrain dont sa famille n'a pas la jouissance est tenu de faire hommage d'une partie du produit de sa chasse au chef de la collectivité détentrice : par exemple, il lui donnera l'épaule droite d'un buffle ou d'une antilope, l'une des défenses d'un éléphant, etc.

En ce qui concerne les produits spontanés du sol, tels que le bois, les fruits des arbres sauvages, les écorces tannantes, le cœur ou la sève des palmiers, le latex des plantes à caoutchouc, etc., les gens étrangers à la collectivité détentrice ne peuvent les exploiter qu'avec l'agrément du « maître du sol » de cette collectivité et moyennant une redevance souvent fixée au dixième des produits recueillis ou de leur valeur commerciale. Il en est de même pour l'exploitation des mines d'or ou d'autres métaux.

Biens susceptibles de propriété réelle. — Tout ce qui n'est pas la terre ou l'eau ou leurs produits naturels et spontanés est susceptible

de droits de propriété réelle, soit collectifs
soit individuels, comportant la faculté de posséder l'objet de cette propriété, d'en user, de
le céder à titre gratuit ou onéreux, de le transmettre, de l'aliéner d'une façon quelconque.

Le propriétaire est, comme nous l'avons
vu, l'auteur du travail dont est résultée l'existence même de l'objet ou sa transformation,
ou bien l'auteur de l'opération qui a déterminé son appropriation. Si cet auteur est un
individu isolé, la propriété est individuelle ;
s'il est une collectivité, elle est collective.

Le sol d'un champ n'est pas la propriété
réelle du cultivateur qui en a la jouissance
momentanée, ni même de la famille qui en
est détentrice à perpétuité ; mais les récoltes,
produit du travail de culture, sont, même
encore sur pied, la propriété réelle et complète de celui ou de ceux qui a ou qui ont la-
bouré et ensemencé le champ. L'or extrait
d'une mine, défalcation faite de la redevance
due à la collectivité détentrice si l'exploitant
est un étranger, devient la propriété de qui
l'a extrait. Les produits spontanés du sol, une
fois qu'ils ont été l'objet d'un travail consistant à les recueillir, sont l'objet d'un droit
entier de propriété, de même que le gibier
ou le poi. son une fois qu'il a été tué ou capturé. Le membre d'une collectivité, qui a jeté
son dévolu sur un palmier sauvage se trouvant sur la terre banale de cette collectivité,

du seul fait qu'il a commencé à en couper les branches ou à en extraire la sève, devient le propriétaire exclusif de cet arbre et a la faculté de signifier ses droits en le marquant d'un signe indiquant qu'il est approprié.

La distinction entre biens meubles et immeubles n'existe pas : les droits de propriété réelle sont les mêmes sur les céréales qu'on a fait pousser, sur le bois que l'on a coupé, sur les bestiaux que l'on a élevés ou achetés, sur les ustensiles que l'on a fabriqués ou acquis, sur la maison que l'on a construite, sur le puits que l'on a creusé, sur le numéraire constituant un salaire ou un bénéfice commercial, autrefois aussi sur l'esclave capturé à la guerre.

Bien de famille. — L'exemple le plus fréquent de propriété collective est fourni par le bien de famille. Celui-ci est constitué essentiellement par le produit du travail accompli collectivement par la famille (récoltes des champs cultivés en commun, troupeaux élevés en commun, fruits d'une cueillette opérée en commun, etc.) et par le numéraire ou les objets d'échange provenant de la vente d'une partie de ce produit. Il comporte aussi une portion des salaires acquis par les membres de la famille qui travaillent au dehors et privent ainsi la collectivité de leurs bras, ce qui nécessite une compensation.

Autrefois le bien de famille servait souvent à équiper les hommes de la famille en vue d'une expédition militaire à entreprendre, ou bien, en cas de défaite, à payer le tribut exigé par le vainqueur, ou encore à racheter les membres de la famille qui avaient été captués à la faveur d'une guerre. Aujourd'hui, il sert à payer les « dots » nécessitées par le mariage des jeunes gens de la famille, à acquitter les impôts, à acheter des semences ou des instruments aratoires, à faire les frais des sacrifices offerts aux divinités ancestrales ou agraires, à accorder l'hospitalité aux gens de passage, à secourir les miséreux de la famille, à subvenir aux dépenses qu'entraînent occasionnellement les cataclysmes (incendies, famines, etc.).

La propriété de ce bien appartient à la famille, c'est-à-dire à une collectivité qui se renouvelle mais ne meurt pas : il ne saurait donc faire l'objet d'aucune transmission par voie d'héritage. Quand le patriarche vient à décéder, l'administration du bien de famille passe à son remplaçant, mais il n'y a pas succession à proprement parler.

Successions. — Seuls, les biens individuels se transmettent par héritage. L'héritier est toujours unique en principe, — sauf chez quelques peuplades islamisées, — mais on admet qu'il doit, en quelque manière et dans

la mesure qui lui paraît convenable, faire bé-
nificier ses proches d'une partie de la succession qui lui revient, sous forme de cadeaux.

Cet héritier unique n'est pas partout le
même. D'abord, il est indispensable qu'il soit
du même sang que le défunt dont il hérite :
il s'ensuit que, là où règne le sytème de parenté par les femmes, le fils, par exemple, ne
saurait hériter de son père, tandis qu'il peut
hériter de sa mère, ou de son oncle maternel,
ou de son frère utérin ; là où c'est le régime
inverse qui a force de loi, le fils peut hériter
de son père, de son oncle paternel, de son frère
de même père que lui, mais il ne peut hériter
de sa mère ni de ses parents utérins. En vertu
du même principe, et quel que soit le système
de filiation adopté, les deux conjoints ne peuvent hériter l'un de l'autre ; il n'y a d'exception à cette règle que chez certains Noirs is-
lamisés.

En outre, il existe des tribus chez lesquelles
l'héritier est, en principe, l'aîné des parents
survivants du défunt, et d'autres qui attribuent au descendant l'héritage de l'ascen-
dant. Le premier des deux systèmes est le plus
répandu ; là où il est pratiqué, l'héritier naturel est, parmi les parents du défunt, le premier-né de la génération la plus ancienne,
c'est-à-dire le grand-père ou l'aîné des grands-
oncles, ou, à défaut de parents de cette génération, l'auteur même du défunt ou l'aîné de

ses oncles, puis l'aîné de ses frères ou cousins-germains, après cela l'aîné de ses enfants ou neveux ou des enfants de ses cousins, et ainsi de suite, en ne passant à une génération que lorsque la précédente est épuisée. Selon le second système au contraire, on n'attribue la succession aux ascendants et aux collatéraux qu'à défaut de descendants et l'héritier normal est l'aîné des enfants du défunt ou l'aîné de ses neveux.

En droit, les femmes sont qualifiées pour hériter aussi bien que les hommes et, dans la détermination de l'héritier, il n'y a pas à tenir compte des sexes, mais seulement de la primogéniture. En fait, cependant, la femme est généralement écartée au profit de l'homme qui vient immédiatement après elle dans l'ordre successoral en vigueur, parce que le mariage la force à résider dans une autre famille que la sienne et qu'il serait à craindre qu'elle ne dépensât l'héritage au bénéfice de la famille de son mari, c'est-à-dire au détriment de la famille du défunt. On retrouve dans cette préoccupation une nouvelle preuve de la conception négro-africaine selon laquelle, même quand il s'agit de propriété individuelle, l'intérêt général de la collectivité doit primer toute autre considération. Lorsque la femme à qui reviendrait normalement la succession est veuve ou divorcée et trop âgée pour se remarier, et qu'elle a réintégré le domicile de sa famille, on ne fait pas de difficultés pour la constituer héritière de préférence à un frère plus jeune.

Dettes. — La succession comporte le passif du défunt aussi bien que son actif. Si l'héritier ne règle pas les dettes qui lui ont été transmises, celles-ci passent, lorsqu'il meurt à son tour, à son successeur, augmentées des intérêts s'il en a été prévu, sans que la prescription puisse jamais être acquise autrement que par le paiement intégral des sommes dues ou la renonciation formelle du créancier.

Les obligations contractées par un individu sont à sa charge personnelle ou à celle de son héritier. Toutefois, le sentiment de la responsabilité collective est si développé que le créancier, s'il a affaire à un débiteur insolvable ou récalcitrant, ne manque pas de s'en prendre à la famille de ce débiteur, laquelle, après s'être fait prier pour la forme, finit presque toujours par acquitter la dette sur son bien collectif.

Il est admis que le débiteur qui ne peut se libérer a la faculté de remettre un gage à son créancier, en garantie de la créance, pour une durée indéterminée, mais qui ne saurait en tout cas prendre fin que lors du remboursement de la somme due. Ce gage peut être un objet quelconque, ou un animal, ou une personne, par exemple un enfant ou un serf du débiteur ; ce dernier, en aucun cas, ne peut mettre son épouse en gage, parce qu'elle n'est pas de sa famille. Le créancier a le droit d'employer comme bon lui semble l'objet, l'animal ou l'individu qui lui a été remis en gage, mais il ne peut ni le vendre ni le mettre en gage à son tour ; si c'est un être vivant, il doit lui procurer la nourriture et le logement, et le faire soigner quand il est malade.

Souvent, le créancier qui a reçu une personne en gage autorise celle-ci à demeurer chez le débiteur ou dans la famille de ce dernier, en se réservant seulement le droit de faire appel à son concours lorsqu'il a besoin de ses services. Dans ce cas, il n'a pas à pourvoir à son entretien, sauf durant les périodes pendant lesquelles il l'emploie.

CHAPITRE VI

Vie matérielle

On est frappé, quand on observe les Noirs africains chez eux, de l'écart souvent considérable qui existe entre la culture matérielle de certaines de leurs tribus et celle de certaines autres. Les différences, à ce point de vue, sont beaucoup plus accusées qu'en ce qui concerne les croyances religieuses et les habitudes sociales. Alors, par exemple, qu'il y a une très grande analogie entre le droit coutumier des Lobi de la Haute-Volta et celui des Fon du Dahomey, le contraste est énorme entre leurs civilisations matérielles respectives, tant sous le rapport de l'habillement et de la parure que sous celui des habitations et des industries.

Aussi n'est-il pas possible de synthétiser en un tableau d'ensemble les manifestations de la vie matérielle comme on peut le faire des coutumes religieuses, sociales, politiques ou économiques. Il faudrait, pour demeurer dans la vérité et ne pas risquer de donner au lecteur une impression inexacte, passer successivement en revue les principaux types de ci-

Fig. 10. — Jeunes filles de la tribu des Bassari.
(Haute Gambie).

vilisation matérielle, ce qui serait évidemment incompatible avec le cadre et les dimensions du présent ouvrage.

Vêtement et parure. — Pour ce qui est du vêtement en particulier, il est, dans l'Afrique noire, des peuples qui vont complètement nus, les femmes dissimulant seulement leur sexe au moyen d'une ceinture de verroteries ou d'un paquet de feuilles suspendu à une ficelle qui fait le tour de la taille — encore se dispensent-elles parfois de ce sacrifice à la pudeur — tandis que les hommes ne cachent rien du tout ou se contentent d'enfermer l'extrémité de leur verge dans une petite calotte en paille tressée ou dans une sorte de doigt de gant en étoffe. A côté de cela, et dans les mêmes régions, il en est d'autres qui affectent une véritable prodigalité vestimentaire, les hommes portant, en plus d'une large culotte, plusieurs chemises ou blouses superposées, souvent finement brodées, et les femmes se couvrant la partie inférieure du corps de plusieurs pagnes de coton ou de soie et la partie supérieure de riches camisoles aux manches démesurément amples.

Entre ces deux extrêmes, on peut observer toute une série d'habillements intermédiaires.

La parure est fort en honneur dans les deux sexes chez tous les Noirs, même chez ceux qui sont le plus dénués de vêtements. Elle se manifeste d'abord dans les soins apportés à la chevelure, fort diversement arrangée, mais presque toujours bizarrement et artistiquement tressée.

Un mode de parure extrêmement répandu consiste en des scarifications faites sur la peau, tantôt affectant la forme de cicatrices linéaires, tantôt se présentant sous l'aspect de points en relief. Les unes ont une signification ethnique, d'autres résultent de la mutilation qui marque l'entrée de l'adolescent dans la société ou d'un initié dans une confrérie, d'autres aussi ne sont attribuables qu'au désir de se rendre beau ou belle, selon des conceptions qui nous sont étrangères. Certaines peuplades ont la face, les membres et le tronc couverts de ces incisions, d'autres n'en usent qu'avec parcimonie, rares sont celles qui ne sacrifient pas du tout à cette coutume.

Bien d'autres genres de mutilation sont en honneur chez différentes tribus, notamment celui qui consiste à perforer l'une des lèvres, ou les deux, pour y introduire ici un fétu de paille, là un fragment de quartz ou une canine de léopard, ailleurs, un disque de bois, d'os ou de métal, quelquefois plus large qu'une pièce de cinq francs et qui donne alors à la bouche ainsi défigurée l'aspect d'un bec de spatule.

Les ornements proprement dits foisonnent: peignes sculptés et longues aiguilles en bois ou en os que l'on pique dans la chevelure, casques en plumes ou en feuillage, disques ou anneaux d'ivoire suspendus sur la nuque ou la poitrine ou plaqués sur le front, coquilles ou cornes portées dans les cheveux, au cou, aux bras, aux jambes, colliers et ceintures de verroteries, de pierres plus ou moins travaillées, ou de perles anciennes dont quelques-unes semblent de fabrication égyptienne ou phénicienne et dont d'autres remontent seulement à l'industrie romaine ou vénitienne, innombrables objets en cuivre, anneaux et bijoux en argent et surtout en or, fabriqués sur place par le procédé de la cire perdue ou celui du chalumeau, etc., etc.

L'amour du clinquant, du voyant, des couleurs vives, des matières précieuses se trahit, non seulement dans la parure et dans le luxe des vêtements de ceux qui en portent, mais aussi dans les insignes réservés aux chefs : sabres à poignée recouverte de feuilles d'or, sceptres en cuivre ouvragé, lances d'apparat, cannes sculptées, olifants en ivoire patiemment travaillé, chaises ou tabourets finement ajourés, dais ou parasols en velours rouge rehaussés de figures d'animaux en or, etc. Au Soudan, il apparaît également dans le harnachement des chevaux et les bottes en cuir multicolore des cavaliers.

Habitation. — L'habitation présente une aussi grande diversité que le vêtement, tant sous le rapport des matériaux employés que sous celui de la forme. Le seul point sur lequel se réalise l'unité de construction se rattache aux idées communes à tous les Noirs en fait de collectivisme : la maison individuelle, partout, cède le pas au domicile familial. Ici nous voyons des huttes cylindriques aux murs d'argile, coiffées chacune d'un chapeau conique en paille ; là, ce sont des maisons rectangulaires munies d'une toiture de feuilles à double pente ou recouvertes d'une terrasse: mais les unes et les autres sont disposées, en cercle ou en carré, autour d'une cour centrale qui constitue l'emplacement réel du foyer domestique commun à toute la famille.

Ailleurs, on observe de vastes constructions circulaires, partagées en un nombre variable d'étroites cellules qui sont les chambres, et pourvues, elles aussi, d'une cour centrale au milieu de laquelle s'élève l'autel des ancêtres ou l'arbre sacré qui en tient lieu. Ailleurs encore, on aperçoit d'énormes châteaux-forts, dont le flanc n'est percé que d'une unique ouverture, réservée du reste au passage du bétail, mais dont la terrasse, bordée d'un mur crénelé et supportant parfois des tourelles, présente une quantité de trous étroits par lesquels se glissent les habitants, pour descendre dans les multiples et obscurs caveaux qui abritent à la fois les membres de la famille, les reliques et statues de leurs ancêtres, leurs provisions d'eau et de grains et, la nuit, leurs troupeaux.

Fig. 11. — Types de huttes et greniers cylindro-coniques autour d'une cour centrale (Côte d'Ivoire).

On ne s'enferme d'ailleurs dans la maison que pour dormir ou en cas de forte pluie. Le reste du temps, on vit surtout dehors, dans la cour commune ou bien, lorsqu'on habite un château-fort qui ne possède pas de cour intérieure, sur la terrasse qui en tient lieu.

Occupations professionnelles. — Aussi bien, si l'on en excepte les artisans, les Noirs ont en général leurs occupations en dehors du village et, sauf durant la saison sèche, passent aux champs presque toutes leurs journées. Après avoir procédé à un premier défrichement en abattant les arbres ou en mettant le feu aux grandes herbes, ce qui a l'avantage de détruire quantité d'insectes nuisibles et de procurer au sol un engrais de cendres, ils retournent la terre au moyen de larges houes à manche court ou bien, lorsque l'humus est peu épais, le râclent avec les mêmes instruments et le disposent en levées ou en buttes, dans lesquelles ils sèmeront les graines ou planteront les tubercules. Ensuite il convient d'effectuer de fréquents sarclages, afin d'empêcher les mauvaises herbes d'étouffer les jeunes pousses des céréales. Pour certaines espèces, comme le riz et plusieurs variétés de mil ou de sorgho, on pratique le repiquage. Les moissons une fois mûres, vient l'époque particulièrement active de la récolte, de l'édification des meules, du battage des grains, de l'engrangement des produits dans les greniers qui entourent les habitations. Ainsi s'écoule l'année, en un travail à peu près incessant, rendu plus dur dans les zones sylvestres par l'obligation de dessoucher les arbres et de lutter contre l'envahissement de la forêt.

Pendant que les hommes assurent en majeure partie la culture du sol, les femmes vaquent aux soins domestiques, réduisent les grains en farine en les écrasant avec une pierre sur une meule dormante ou, en les pilant dans un mortier de bois, vont faire la provision d'eau et de bois à brûler, préparent les repas et, éventuellement, les portent aux travailleurs occupés aux champs, lavent le linge, débourrent et filent le coton que tisseront les hommes et, souvent, aident en outre ceux-ci dans leurs travaux agricoles.

Quelques populations, comme les Dioula et les Haoussa au Soudan, les Apolloniens à la Côte d'Ivoire et à la Côte d'Or, se spécialisent surtout dans le commerce et parcourent des trajets considérables, allant chercher dans le nord le sel en barres de provenance saharienne et, dans la zone voisine de la grande forêt, les noix de cola, transportant sur des ânes ou des bœufs à bosse et, le plus souvent, à tête d'homme, les produits les plus variés de l'industrie locale ou de l'importation européenne, gagnant péniblement, à ce dur métier, des fortunes généralement bien minimes, mais que leur envient cependant les paysans. Ces derniers professent d'ailleurs une certaine admiration pour ces colporteurs que leurs voyages ont instruits de beaucoup de choses et que la fréquentation des milieux divers a policés plus ou moins.

D'autres se livrent presque exclusivement à la garde des troupeaux et à l'élevage ; ce sont en général des populations qui, par leurs origines lointaines, se rattachent à la race blanche, au moins en partie : Peuls dans l'Afrique Occidentale, Massaï dans l'Afrique Orientale, Vahimba ou Bahima dans l'Afrique Centrale, sans parler des Hottentots de l'Afrique Australe, dont la provenance est plus mystérieuse.

D'autres encore, riveraines des grands fleuves ou de la mer, se sont fait une spécialité de la pêche et de la navigation, comme les Soubalbé du Sénégal, les Somono et Sorko du Niger, les Boudouma et Koûri du Tchad, les Banziri et Sango de l'Oubangui, les « Kroomen » des côtes orientales du Libéria et occidentales de la Côte d'Ivoire, etc.

Enfin les artisans, tantôt groupés par castes, tantôt exerçant individuellement un métier librement choisi, se livrent aux occupations industrielles : fabrication des briques et construction des édifices de style dit « soudanais », tissage des étoffes et confection des vêtements, teinture et broderie, tannage et préparation des peaux, fabrication et utilisation du fer, poterie, orfèvrerie, sparterie, vannerie, sculpture sur pierre, sur bois, sur ivoire, aménagement des pirogues, art de la médecine et parfois de la chirurgie, etc.

FIG. 12. — Statuettes anciennes en ivoire
(Art des Balouba, collection du Père Maurice).

Alimentation. — Tout ce monde se nourrit à peu près de même. La base de l'alimentation journalière est, soit une semoule cuite à la vapeur (couscous), soit une pâte faite de farine bouillie ou de tubercules (igname, manioc, taro) ou grosses bananes vertes, les uns ou les autres cuits à l'eau puis écrasés dans un mortier. Cet aliment principal tient lieu de pain. On en puise une bouchée dans l'écuelle avec la main droite, on en fait une boule que l'on trempe dans une autre écuelle renfermant une sauce, généralement riche en condiments, et que l'on porte ensuite à la bouche, en évitant soigneusement de se servir de la main gauche, laquelle est réservée aux contacts impurs. Lorsque les circonstances le permettent, la sauce renferme des morceaux de viande ou de poisson, que l'on mange d'habitude en dernier. Après quoi, l'on boit une gorgée d'eau et on se lave la main qui a fait office de cuiller et de fourchette.

Si l'on excepte les musulmans, les Noirs font volontiers usage de boissons fermentées, telles que le vin de palmier, diverses bières de grains, une sorte d'hydromel, etc., sans parler des alcools de fabrica·ion européenne. Mais ces boissons ne sont absorbées qu'en dehors des repas.

Funérailles. — La mort et les funérailles donnent lieu à des cérémonies qui varient énormément de tribu à tribu et de région à région, mais qui, partout, revêtent un caractère accentué de solennité et de religiosité, ainsi qu'il est naturel chez des peuples professant le culte des ancêtres. Le plus souvent, les morts sont mis en terre, soit après avoir été au préalable enfermés dans un cercueil de bois, soit cousus dans une natte ou simplement enveloppés d'un suaire ; l'inhumation a lieu tantôt dans le sol de la maison qu'habitait le défunt de son vivant, tantôt dans un lieu affecté à l'usage de cimetière. Quelquefois, le corps est abandonné dans un bois, lorsqu'on estime que le décès a été causé par une divinité irritée.

En général, surtout quand il s'agit d'un personnage de marque, l'inhumation n'a lieu qu'assez longtemps après le décès, parfois plusieurs semaines, plusieurs mois ou même plusieurs années. Dans ce cas, le corps est soumis au préalable, soit à une sorte d'embaumement, soit à une simple dessication. Souvent aussi, le mort est enterré quelques jours seulement après le décès, mais la tombe alors n'est pas complètement fermée et l'on y ménage une ouverture, provisoirement bouchée à l'aide d'une pierre ou d'une marmite renversée, de façon à pouvoir déplacer celle-ci pour introduire dans la tombe les offrandes apportées par les parents qui n'ont pu arriver à temps pour l'enterrement.

La coutume, en effet, est de ne considérer les funérailles comme définitivement terminées que lorsque tous les parents du mort se sont acquittés de ce pieux devoir, et c'est seulement alors que l'héritier peut entrer en possession de la succession.

CHAPITRE VII

Culture intellectuelle et artistique

L'écriture. — A quelque race qu'elle appartienne, une société humaine n'atteint en général un haut degré de culture intellectuelle que lorsqu'elle possède une écriture. Aussi, dans l'Afrique noire, quel que soit le développement, souvent remarquable, des facultés de l'esprit chez beaucoup d'individus, il est rare qu'il se soit traduit par une culture collective appréciable, parce que peu de groupements négro-africains disposent du moyen de coucher par écrit leur pensée et de s'assimiler celle d'autrui par la lecture.

Cependant, il existe des lettrés parmi les Négro-Africains. Tout d'abord — et ceci est tout à l'honneur de leur race — on connaît au moins deux exemples de systèmes graphiques originaux, inventés par des Noirs pour transcrire les sons de leurs langues. L'un est en usage depuis le xviiie siècle, semble-t-il, parmi les Vaï de la Côte des Graines ; l'autre a été imaginé, tout au début de notre xxᵉ siècle, par un prince du Cameroun.

D'autre part, l'alphabet arabe, parfois enrichi de signes supplémentaires, a été adopté par quelques peuples négro-africains pour la transcription des mots de leurs langues.

Par contre, l'arabe lui-même, qui n'est parlé que par un nombre très restreint de nègres, est extrêmement répandu comme langue écrite parmi les Noirs musulmans, dont beaucoup en possèdent une connaissance vraiment remarquable.

Littérature orale. — Mais l'ensemble des Négro-Africains ne connaît pas d'autres productions de l'esprit que celles de la littérature orale et populaire, laquelle est d'ailleurs fort riche et suffisamment variée.

Elle se compose de légendes religieuses, de traditions cosmogoniques et historiques, de contes merveilleux, de fables à personnages animaux, de devinettes, de proverbes, de chansons épiques ou satiriques, d'embryons de drames comiques ou tragiques, etc. Beaucoup de thèmes sont d'origine lointaine et inconnue ; d'autres sont de provenance étrangère, mais ont été adaptés par des « griots » locaux ; tous se transmettent de génération en génération et de pays en pays, se modifiant sans cesse dans leur forme. Certaines de ces productions, incontestablement indigènes, se distinguent par des qualités d'observation et un sens critique quelquefois remarquables, comme aussi par l'expression, tantôt naïve et tantôt profonde, de sentiments touchants. L'impression qu'elles produisent sur l'auditeur est due en grande partie, il faut le reconnaître, au talent des conteurs ou chanteurs, à leur mimique, à la vie qu'ils savent donner à leurs récits ou à leurs chants, à l'habileté avec laquelle ils réussissent à incarner les personnages mis en scène.

L'art de bien dire semble d'ailleurs inné chez la plupart des Noirs, qui aiment parler et dont beaucoup sont doués d'une véritable éloquence.

Musique. — Ils ont également le sens musical. Les instruments dont ils accompagnent habituellement leurs chants, le xylophone africain et diverses sortes de harpes et de guitares, accordés selon une gamme riche en demi-tons, ne sont nullement désagréables à entendre, et le seul reproche que font d'ordinaire les Européens aux musiciens de l'Afrique noire est de répéter à satiété des motifs, qui ne manquent point de charme, mais qui ont en général le défaut d'être trop courts.

Il convient de ne pas mettre sur le même rang les innombrables tambours, crécelles

Fig. 13. — Siège en bois sculpté
(Congo Belge, collection du Père Maurice).

Fig. 14. — Le même que le précédent,
vu de profil.

et trompes, qui ne sont pas à proprement parler des instruments de musique et ne servent en réalité qu'à rythmer la danse, dont tous les Noirs sont de passionnés amateurs. Par contre, si l'orchestre qui règle les mouvements des danseurs est rudimentaire et produit plus de bruit que de mélodie, ces mouvements sont souvent empreints de grâce, et les danses effectuées en commun, comme les chants exécutés en chœur, se font remarquer d'ordinaire par une impeccable harmonie.

Arts divers. — Si la musique et la danse occupent une place honorable dans les manifestations artistiques des sociétés négro-africaines, la peinture en est, autant dire, absente, se réduisant à quelques essais de décoration sur les murs de certaines habitations, essais souvent heureux quand ils se maintiennent dans le domaine des lignes ou figures géométriques, mais naïvement grossiers lorsqu'ils tentent de reproduire des êtres vivants.

Au contraire, la sculpture sur bois ou sur ivoire, ainsi que le modelage en cire de sujets coulés ensuite en cuivre, en bronze, en argent ou en or, donne fréquemment l'impression d'un sens artistique réellement développé. Telles cuillers en bois ouvragé, telles poulies de métier à tisser représentant

des figures humaines, tels peignes monu- ,
mentaux, tels tabourets nous étonnent à la
fois par l'inspiration qui a présidé à la conception des motifs, par le soin extraordinaire donné aux détails et par la sobre et
saine harmonie des lignes, toutes qualités
que l'on retrouve d'ailleurs, avec, en plus, un
vrai sens de la couleur et du dessin, dans les
tissus, les broderies et les sparteries, comme
dans les ouvrages en cuir et dans certains
couteaux et armes de jet. Telles défenses
d'éléphant, fouillées et décorées de la base
au sommet, témoignent d'une inlassable pa-
tience et d'une remarquable habileté ma-
nuelle, en même temps que d'une puissante
imagination. Certaines statuettes d'ancêtres
divinisés, certains masques destinés à des
cérémonies religieuses, certains vases en
bois et sièges ornés de figurines excitent l'admiration par la vie intense qu'a su y mettre
l'artiste, tout en se conformant, pour l'atti-
tude et le dessin, aux traditions sans doute
millénaires qui les ont fixés.

C'est également dans les objets en métal
fondu ou martelé que s'attestent l'ingéniosité
et l'originalité des artisans négro-africains.
Toutefois il semble qu'à cet égard les productions actuelles soient inférieures à celles
d'autrefois. Les bronzes du Bénin remontant
au xiv⁰ et xv⁰ siècles, par la variété des motifs et le fini de l'exécution, par l'étrangeté

aussi de l'inspiration, révèlent un art qui ne paraît pas avoir été égalé depuis.

Fig. 15. — Tête humaine en bronze
(Art du Bénin, XIVe-XVe siècles).

Architecture. — En ce qui concerne l'architecture, les matériaux le plus généralement employés — l'argile, le bois et la paille — s'opposent à toute conception grandiose comme à toute réalisation durable. Il y a eu, à vrai dire, en plusieurs contrées de l'Afrique intertropicale, à des époques que l'on n'est point encore arrivé à déterminer mais qui paraissent fort anciennes, des constructions en pierres, de types divers. L'on ignore d'ailleurs à quels peuples il convient de les attribuer. Sans doute, il n'est pas impossible que certaines aient été l'œuvre d'hommes de race nègre : c'est le cas, notamment, des murailles en pierres maçonnées dont les ruines s'aperçoivent en divers endroits du cercle de Gaoua (Haute-Volta) et qui rappellent, quoique beaucoup plus perfectionnées, des soubassements en pierres construits de nos jours en plusieurs régions avoisinantes ; c'est aussi le cas des monolithes cylindriques, disposés en alignements circulaires, que l'on voit en plusieurs points du bassin de la Gambie et qui présentent quelque analogie avec des pierres sacrées, cylindriques ou tronconiques, encore en usage chez les Dogon ou Habé des falaises de Bandiagara et de Hombori (boucle du Niger) et chez diverses tribus de la Nigeria du Sud. Ces monuments n'ont d'ailleurs aucun caractère artistique.

Par contre, il est des ruines de constructions de plus haute allure, que les archéologues ont tendance à considérer comme ayant été l'œuvre de populations étrangères à la race noire et, vraisemblablement, à l'Afrique. A cette catégorie, d'origine encore mystérieuse, appartiennent plusieurs des ruines signalées à la lisière méridionale du Sahara, et, très loin de là, dans la Rhodésia et au voisinage du Zambèze.

D'autre part, il existe nombre de monuments, très certainement édifiés par des Noirs, qui possèdent un style vraiment original et méritent de retenir l'attention par leur cachet architectural. Ce sont ces maisons, en briques crues ou cuites, revêtues d'un badigeon d'ocre ou d'argile blanche, caractérisées par leurs portiques trapézoïdaux, les décorations de leurs murs symétriquement ajourés et la disposition ornementale des créneaux de leurs terrasses. Ce sont surtout ces mosquées à minarets pyramidaux ou coniques, curieusement hérissés, à l'extérieur, d'arêtes horizontales qui sont les extrémités dépassantes des poutrelles de la charpente. Ces maisons et ces mosquées, dont les plus purs échantillons se trouvent à Dienné, se rencontrent aujourd'hui d'un bout à l'autre du Soudan, surtout dans ses parties occidentale et centrale, et jusqu'aux abords de la grande forêt équatoriale, pres-

que partout où il y a des musulmans. Le
type en est encore bien vivant et l'on en
construit de nouvelles chaque année.

FIG. 16. — Porte de quartier à Bondoukou
(Art soudanais, Haute Côte d'Ivoire).

Le modèle en aurait été introduit, en 1325,
par un architecte arabe appartenant à une
famille de Grenade, originaire du Maroc. Cet
architecte, connu sous le nom d'Es-Sahéli,

avait été rencontré à La Mecque par l'empereur mandingue Gongo Moussa, qui l'amena avec lui dans ses Etats du Soudan nigérien, et il passe pour avoir, le premier, bâti des édifices du type dit « soudanais », à Gao d'abord, à Tombouctou ensuite, puis en d'autres localités. Ce type est assurément d'inspiration nord-africaine et arabo-berbère; mais il s'est transformé dans son pays d'adoption et y a acquis une originalité qui fait de lui l'expression adéquate de l'art architectural soudanais.

TABLE DES MATIERES

TABLE DES GRAVURES

NIORT. — IMPRIMERIE SAINT-DENIS.

LIBRAIRIE STOCK

ANDERSEN. — Contes (traduction Leyssac).

G. APOLLINAIRE. — L'Hérésiarque.

BARBEY D'AUREVILLY. — Polémique d'hier.
— Dernières Polémiques.

E. BARRET-BROWNING. — Aurora Leigh.
— Poèmes et Poésies.

BJOERNSTJERNE - BJOERNSON. — Au-delà des Forces.
— Un Gant ; Le Nouveau Système.

LEON BLOY. — Belluaires et Porchers.
— Propos d'un Entrepreneur de démolitions.
— Le Sang du Pauvre.
— Résurrection de Villiers de l'Isle-Adam.
— Lettres à sa fiancée.

ELEMIR BOURGES. — La Nef.
Le Crépuscule des Dieux.

BRIEUX. — Théâtre complet.

JACQUES CHARDONNE. — L'Epithalame.

CHINHEDRINE. — Les Messieurs Golovleff.

JEAN COCTEAU. — Le Grand Ecart.

ABEL FAURE. — L'Individu et l'Esprit d'autorité.
— L'Individu et les Diplômes.

PAUL GERALDY. — Toi et Moi.
— Aimer. — Le Prélude.

EMILE GUILLAUMIN. — La Vie d'un Simple.

LEON HENNIQUE. — Un Caractère.
Pœuf.

IBSEN. — Le Canard Sauvage.
— Solness le Constructeur.
— La Dame de la Mer. Un ennemi du peuple.

SELMA LAGERLOF. — La Légende de Gosta Berling.
— Jérusalem en Dalécarlie.
— Jérusalem en Terre Sainte.

MARLOWE. — Théâtre.

ROMAIN ROLLAND. — Mahatma Gandhi.

RUDYARD KIPLING. — Lettres de Marque.
— Au Hasard de la Vie.
— La Cité de l'épouvantable nuit
— Parmi les cheminots de l'Inde
— Une vraie Flotte.
— Nouveaux Contes des Collines.
— Trois Troupiers.
— Brugglesmith.
— Chez les Américains.

KROPOTKINE. — Autour d'une Vie.
— La Grande Révolution.
— Champs, Usines, Ateliers.
— La Conquête du Pain.

JEAN LORRAIN. — Les Lépillier
— Très Russe.
— Modernités

PIERRE MILLE. — Paraboles et Diversions.

T de QUINCEY. — Les Confessions d'un mangeur d'opium
— Souvenirs autobiographiques du Mangeur d'opium.

SHELLEY. — Œuvres Poétiques.
— Œuvres en Prose

STEVENSON. — Enlevé.

STRINDBERG. — La Danse de Mort

SWINBURNE. — Chants d'avant l'Aube

A. SCHNITZLER. — Anatole
— La Ronde.

TOURGUENIEF. — Dimitri Roudine.

PIERRE VEBER. — Les Belles Histoires

OSCAR WILDE. — Intentions.
— Le Crime de Lord Arthur Saville.
— Le Portrait de Dorian Gray
— La Maison de la Courtisane
— Une Maison de Grenades.
— Théâtre.

St. E. WHITE. — Terres de Silence.

ANDERSEN. — *Contes* (traduction Leyssac).

G. APOLLINAIRE. — *L'Hérésiarque.*

BARBEY D'AUREVILLY. — *Polémique d'hier.*

— *Dernières Polémiques.*

E. BARRET-BROWNING. — *Aurora Leigh.*

— *Poèmes et Poésies.*

BJŒRNSTJERNE - BJŒRNSON. — *Au-delà des Forces.*

— *Un Gant ; Le Nouveau Système.*

LEON BLOY. — *Belluaires et Porchers.*

— *Propos d'un Entrepreneur de démolitions.*

— *Le Sang du Pauvre.*

— *Résurrection de Villiers de l'Isle-Adam.*

— *Lettres à sa fiancée.*

ELEMIR BOURGES. — *La Nef.*
Le Crépuscule des Dieux.

BRIEUX. — *Théâtre complet.*

JACQUES CHARDONNE. — *L'Épithalame.*

CHTCHÉDRINE. — *Les Messieurs Golovleff.*

JEAN COCTEAU. — *Le Grand Écart.*

ABEL FAURE. — *L'Individu et l'Esprit d'autorité.*

— *L'Individu et les Diplômes.*

PAUL GERALDY. — *Toi et Moi.*
— *Aimer.* — *Le Prélude.*

EMILE GUILLAUMIN. — *La Vie d'un Simple.*

LEON HENNIQUE. — *Un Caractère.*
Pœuf.

IBSEN. — *Le Canard Sauvage.*
— *Solness le Constructeur.*
— *La Dame de la Mer. Un ennemi du peuple.*

SELMA LAGERLOF. — *La Légende de Gosta Berling.*
— *Jérusalem en Dalécarlie.*
— *Jérusalem en Terre Sainte.*

MARLOWE. — *Théâtre.*

J. H. ROSNY. — *Le Bilatéral.*

ROMAIN ROLLAND. — *Mahatma Gandhi.*

RUDYARD KIPLING. — *Lettres de Marque.*
— *Au Hasard de la Vie.*
— *La Cité de l'épouvantable nuit*
— *Parmi les cheminots de l'Inde*
— *Une vraie Flotte.*
— *Nouveaux Contes des Collines*
— *Trois Troupiers.*
— *Brugglesmith.*
— *Chez les Américains.*

KROPOTKINE. — *Autour d'une Vie.*
— *La Grande Révolution.*
— *Champs, Usines, Ateliers.*
— *La Conquête du Pain.*

JEAN LORRAIN. —*Les Lépillier.*
— *Très Russe.*
— *Modernités*

PIERRE MILLE. — *Paraboles et Diversions.*

T. de QUINCEY. — *Les Confessions d'un mangeur d'opium.*
— *Souvenirs autobiographiques du Mangeur d'opium.*

SHELLEY. — *Œuvres Poétiques*
— *Œuvres en Prose*

STEVENSON. — *Enlevé.*

STRINDBERG. — *La Danse de Mort*

SWINBURNE. — *Chants d'avant l'Aube*

A. SCHNITZLER. — *Anatole*
— *La Ronde.*

TOURGUENIEF. — *Dimitri Roudine.*

PIERRE VEBER. — *Les Belles Histoires*

OSCAR WILDE. — *Intentions.*
— *Le Crime de Lord Arthur Saville.*
— *Le Portrait de Dorian Gray.*
— *La Maison de la Courtisane.*
— *Une Maison de Grenades.*
— *Théâtre.*

St. E. WHITE. — *Terres de Silence.*

TOLSTOI. — *Œuvres complètes*

LES CONTEMPORAINS

PUBLIÉS SOUS LA DIRECTION DE F. FELS

1. **François de Curel** (1.50)
   Le Solitaire de la Lune.
2. **André Salmon**
   Le Manuscrit trouvé dans un Chapeau.
3. **Max Jacob**
   Le Cornet à Dés.
4. **Elie Faure** (1.50)
   Les Constructeurs.
5. **Jean Cocteau**
   Le Secret Professionnel.
6. **Jean Giraudoux** (1.50)
   La Pharmacienne.
7. **André Gide**
   Lafcadio.
8. **Colette** (1.50)
   Rêverie de Nouvel An.
9. **J. et J. Tharaud** (1 50)
   Un drame de l'Automne.
10. **Pierre Mac Orlan** (1.50)
    La Bête Conquérante.
11. **Francis Carco**
    Panam.
12. **André Suarès** (1.50)
    Voici l'homme
13. **G. Apollinaire** (1.50)
    Contes choisis.
14. **Edmond Jaloux** (1.50)
    Protée.
15. **Przybyszewski** (1.50)
    De Profundis.
16. **Jean Jaurès** (1.50)
    Un Discours.
17. **Israel Zangwill** (1.50)
    Flutter Duck.
18. **Rudyard Kipling** (1.50)
    Les Enfants du Zodiaque.
19. **Georges Duhamel** (1.50)
    Le Miracle.
20. **Charles Maurras** (1.50)
    Mademoiselle Monk.
21. **Heinrich Mann** (1.50)
    Jeunesse.
22. **Rémy de Gourmont** (1.50)
    Monsieur Croquant.
23. **Maximilian Harden** (1.50)
    Stinnes.
24. **Maur. Maeterlinck** (1 50)
    Douze Chansons.
25. **Cézanne**
    16 Reproductions
26. **Renoir**
    16 Reproductions
27. **Henri de Régnier** (1.50)
    Les Petits Messieurs de Nèvres.
28. **Vlaminck**
    16 Reproductions
29. **Rainer Maria Rilke**
    Les Cahiers de Malte Laurids Brigge
30. **Pirandello**
    Le Livret rouge
31. **Daumier**
    16 Reproductions
32. **Corot**
    16 Reproductions
33. **Pierre Hamp**
    L'Art et le Travail.
34. **Marcel Schwob**
    Le Livre de Monelle
35. **Alain**
    Propos sur l'Esthétique.
36. **Kouprine**
    Le Mal de Mer.
37. **Jules Laforgue**
    Hamlet et quelques poèmes.
38. **F. Nietzsche**
    Saint Janvier.
39. **A. Jarry**
    Le Docteur Faustroll.
40. **Stevenson**
    Le Docteur Jekyll et M. Hyde.
41. **Van Gogh**
    20 Reproductions
42. **Picasso**
    16 Reproductions

Sauf indication contraire, prix de chaque volume : 1 fr.

www.ingramcontent.com/pod-product-compliance
Lightning Source LLC
LaVergne TN
LVHW020531060726
842525LV00004B/1142

9 782329 040028